U0138897

全球秩序的重組：
空間、認知與時間之分歧

林子立 —————— 著

五南圖書出版公司 印行

一本好書：用三個視角透視世界變局

中央研究院院士

吳玉山

　　林子立教授的大作《全球秩序的重組：空間、認知與時間之分歧》是理解當前紛擾不休、而又超速變動世界的一本具有透視力的好書。多年來學術界一直在討論從二次大戰結束後，美國所建立的自由主義國際秩序為何能成功地吸納了原來的共產陣營加入，卻在2008年金融海嘯後開始逐漸崩解。這個崩解的趨勢更在2017年川普當選美國總統後加速度進行。在此一大趨勢之下，至少包括幾個最顯著的現象：中國大陸的崛起、西方各國反全球化的騷動、歐盟的弱化、川普以重商主義遏制中國，與美中競逐下各國面臨越來越強的選邊壓力。如何能夠發展出一套分析架構，讓這個大的趨勢和主要現象都能獲得充分的解釋，是一個很艱鉅的任務。子立教授的力作很漂亮地完成了這個使命。

　　《全球秩序的重組》所採用的是新古典現實主義的框架，而以空間、認知與時間的三個維度來進行分析。空間指的是國內對於國際環境的影響，這是新古典現實主義的主軸；認知是指物質如何影響到觀念，這是引入了心理與決策的面向；而時間則是強調空間與認知都是處於發展的過程，是變項而不是常數，因此在不同的時間會展現不同的樣貌，全球秩序因而出現了重組的可能。具體而言，自由主義秩序下產生了很大的分配變化，這不僅在各國內部出現，也影響到高度整合國家間的彼此關係（例如歐盟），與國際上大國間的權力平衡（主要是美國與中國大陸）。分配是一種物質的變項，可是在國內與國際間卻產生了認知與心理的改變，並透過國內政治與國際關係的連結，成為改變各國領導階層與其對外政策的動因。漸變日積月累，終於帶來質變，當自由主義國際秩序已經無法在新的物質分配、認知心理、政治變動，與國際關係之下存續的時候，國際秩序重組的時代就來臨了。

　　這個解釋的框架給予了國內與國際層面連通的可能，而不像結構現實主義者不願意去探索國內政治的「黑盒子」；它又承認了認知的重要性，因此讓心理與決策可以扮演一定的角色，而不是像「雙層賽局」理論那樣只是形式地在國際與國內的兩個政治賽局中求一個共同解；而它對於時間的強調，則給予了這個分析框架對於當前歷史關鍵點的敏感性，這又不是通常的「一般性理論」所著重的。不過，雖然子立教授的架構捕捉了更多的分析層面（國際與國內）、變項本質（物質與認知），和時間差異（體系的尋常運作與結構重組），但並不是不分輕重的拿來主義。他是遵循著現實主義的基本圭臬，以物質國力的分配作為核心的動因，並以此透過認知的相應改變、政治勢力的變動調整、與國內與國際的緊密連結，來解釋全球勢力的重組。這個思維的脈絡，基本上是與Paul Kennedy在《霸權的興衰》（The Rise and Fall of the Great Powers: Economic Change and Military Conflict from 1500 to 2000）所展示的眼光一致：經濟決定國力，而國力決定國際關係。

　　就實際內容而言，這本書可以大致分為兩個部分，前面三章從理論、美中權力轉移，與歐盟的區域整合危機來解析全球秩序的重組。後面兩章則探索在新的美中競逐格局下，歐盟如何自處、而兩岸關係又可能如何發展。子立教授是歐洲問題的專家，因此在本書中對於歐盟相關的議題討論甚深。但是他更把歐盟當前的困局放置在一個大的國關理論框架中來分析，從而加大了解釋的深度，而不僅是歐洲專家討論歐洲。在第五章中，他把注意焦點轉移到兩岸關係，則是進一步地推廣了理論的解釋能力，也更切合台灣讀者的興趣。

　　我們可以進一步地來看本書所要處理的內容。造成今日大變動的起點是冷戰結束後自由主義秩序在國內與國際取得了優勢的地位，一方面全球經濟大大得利於自由市場，獲得了效率的增加、成長的契機、與物價的平抑，一方面分配問題變得越來越嚴重，也就是全球化讓這個世界更富有，但是並沒有讓每一個人在每一個國家更富有。如果放任全球資本主義發展，特別是資金的全球化移動，則每一個國家內部的貧富差距必然越來越懸殊、緊密整合的國家集團內前段與後段成員的差距會越拉越大，而國際上大國間的國力差距也必然持續增長。此一秩序雖然名為自由主義，但其實是在美國的霸權支持下運作的。美國的優勢國力是它的運作保證，美金是它的流通貨幣，美國所主導設立的國際組織是它的骨架，而美國所領導的同盟體系是它的背後支撐。因此冷戰後在全球興盛的自由主義國際秩序其實是一種霸權自由主義，而美國也願意為了維護此一秩序而提供各種公共財。美國的假設是，這個在二次大戰後創設、並在冷戰後強化與擴張的自由主義秩序會始終以美國馬首是瞻，美國的國家利益與全球的利益始終協調一致。

但是此種秩序產生了幾個大的問題，而無法維繫，這是當初推動自由主義全球化的美國所始未料及的。第一個當然是自由市場與無限制的資本主義會帶來貧富差距拉大，於是社會抗議之聲大起，而國內政治也受到嚴重的影響。這個問題搭配上資本主義週期性地波動與經濟和金融危機的一再出現，使得社會下層民眾受到更大的打擊，並引發了更大的挫折。由於左派的力量受制於過去共產主義實驗的失敗而不易再興，因此對自由主義經濟體制抗議的發言權就落到了右翼的民粹主義手中，並從盎格魯‧薩克遜的自由主義核心 —— 英國與美國 —— 開始，引發了巨大的政治風暴，讓排外的右翼民粹領袖執掌了大權。

自由主義的分配問題也在高度整合的國家間出現。歐盟雖然在經濟上一向強調重新分配，並對於發展弱勢的東南歐挹注資源，但是前段班與後段班的歐盟國家在生產力上始終存有巨大的差距，而且在單一市場的體制中益形惡化。在不受管制的情況下，東南歐的人力與資源大量地向北流動，而不勝負荷的公共開支又讓這些國家背負鉅額債務。一旦經濟危機到來，前後段受創程度大不相同。由於「歐洲認同」並不堅牢，前段的國家不願意如同對待國內落後地區一樣地幫助後段國家，於是各國間裂痕出現，一向喜愛獨善其身、「光榮孤立」的英國便選擇了脫歐，而且不論經濟與政治代價如何高，也始終不悔。

自由主義下的分配不僅出現了在各國內部與整合區域中「拉開」的困擾，也出現了在強權間「拉近」的麻煩。中國大陸是少數在自由主義經濟秩序下快步追上的國家，而這和其採用了當年東亞「資本主義發展國家」的模式有很大的關係。此一模式造成戰後日本與亞洲四小龍（南韓、台灣、香港、新加坡）的經濟快速而持續地增長，是世界經濟發展史上的奇蹟。中共在文革的騷亂與蘇聯東歐共黨政權快速傾倒後痛徹覺悟，拋棄了過去僵化的社會主義經濟體制，而以國家的力量推動資本主義的發展，取得了飛躍的進步。資本主義發展國家是一種重商主義，全力推動出口並積累大量外匯，以作為投資與成長的基礎。中國大陸巧妙地利用了冷戰後全球自由主義的氛圍，一方面大舉進入國際市場，一方面對於本國的企業進行扶植並製造世界級的產業冠軍、高度政治性地控制國內市場的開放、用盡方法學習與取得西方的進步科技、對於資金的方向進行策略性的調控，並且制訂發展先進產業的戰略計畫。這些積極的國家作為，使得自由市場在中國被有條件的引入，其目的是達成國家發展產業的具體目標。中國的企業不論公私，都在黨國體制的嚴密控制之下，被賦予國家的使命。這種獨特的設計，使得中國在國際經濟競爭當中快步趕上，很快地超越德英法等歐洲國家，在2010年追上日本，並與美國競爭世界第一的地位。面對這個「拉近」的分配困擾，美國逐漸感覺其經濟、科技、政治、軍事，甚至意識形態的優勢都受到威脅。於是一個「修昔底德陷阱」形成，既有霸權的美國和挑戰者的中國進入了「權力轉移」的危險局面當中。

自由主義全球化下的分配問題，就這樣催生了各國內部的政治變動、高度整合國家間的相互爭執，與兩大強權間的激烈競爭。於是民粹主義大興、歐盟瀕臨危機，而美中之爭眼看將要開啓冷戰2.0，全球秩序因而面臨重組。處於這些問題根源的，居然就是美國所一貫提倡的自由主義國際秩序。沒有全球資本主義就不會出現一次次的經濟與金融危機、右翼民粹主義的勃興、歐盟的內爭與衰落，也不會出現與美國比肩爭雄的中國大陸，和威脅著要把世界扯成兩塊的新冷戰。

局面已經出現了，這個世界要如何應對呢？子立教授是國際關係學者，他並沒有提到應該如何駕馭新自由主義，例如《二十一世紀資本論》（Capital in the Twenty-First Century）的作者Thomas Piketty所主張的全球稅制改革，而是以現實主義的精神，來探討個別國家在區域整合危機與新冷戰的格局下所可能採取的策略。對於歐洲而言，由於並非現狀霸權，也沒有與中國進行戰略競爭，因此對中國的崛起並不必然會產生如美國一般的警惕之心與激烈反應。夾在美中之間，著重經濟利益的歐洲（特別是與中方經濟關係特別深厚的德國），所期待的是不選邊的位置。然而從傳統盟友美國傳來的強大壓力，對於北京分而治之政策的反感，以及香港國安法爭議所帶來的巨大衝擊都使得歐洲國家不容易採取兩強之間的位置，而需要有所抉擇。對於台灣，一意遏制北京的美國也有極為殷切的要求。自從1949年以來，美國對於台灣的態度絕大部分是由美中關係決定的。美中衝突時台灣的戰略地位就有所顯現，美中親善時台灣就被要求不要攪局。只是在美中關係不斷惡化、而美方又不斷地通過友台法案之際，台灣是應該抓緊機會一意強化與美國的紐帶，還是應該以本身長遠利益為考慮來決定與對岸的關係，也是一個不容易的抉擇。前者就戰略三角（strategic triangle）而言，是一個「小老弟」（junior partner）的角色，而後者則是「避險者」（hedger）的角色。前者是全面倒向美國，並且願為其馬前卒；後者是在安全上依靠美國，但是在經濟上希望與對岸密切交往，在美中貿易戰中儘量不選邊，在政治上也與對岸維持最低限度的共同語言。其實，在美中兩大國對抗之下，世界所有其他國家都成為了夾於兩強間的中小國家，面臨被迫選邊的困局。安全上與美國相善、經濟上與中國相交是過去大多數國家的抉擇，也就是避險在過去是優勢策略。但是當兩強開始全面對撞後，對中小國家的爭奪也就更為激烈，而各國的壓力也就倍增，這是大家的共同宿命。台灣與歐盟雖然在各方面有很大的不同，但是在這個大的結構中，卻是處於相同的地位。

在中小國家面對兩強的定位選擇上，理性的不選邊未必能夠成為主要的策略。特別是在兩岸關係當中，台灣民眾的統獨偏好與族群認同是一個關鍵的因素，而這又與兩岸的制度差異糾結在一起。「台灣主體性」與「中華民族偉大復興」是兩個對衝的理想。究竟這樣的心理因素是不是可以化約為物質變項，也就是僅僅反映著中國大陸的國力崛起、兩岸間的權力失衡、或是經濟依存度的升降，是有疑問的。在這裡出現了心理因素可能跳脫出物質結構的情況，也使得兩岸關係與中國大陸與其他周邊國家之間的關係出現了很大的不同。此一情況測試了新古典現實主義的解釋力，成為值得更進一步深入研究的主題。

在大多數國家雖然不想選邊，但可能卻必須選邊的情況之下，究竟這個世界會往哪一個方向發展呢？在許多美國官員的擬想中，這就是一個脫鉤和兩分的世界，各有自己的5G系統、生產鏈結、金融網絡、聯盟體系，將要相互競爭直到分出勝負。美國不會任由本身的霸權被中國大陸取代，而已經崛起的中國也不會放棄爭取和美國平起平坐乃至取而代之。雙方的領導人變遷可能會改變競爭的方式，但不會改變競爭的本質。台灣與世界上各個中小國家一樣是夾處在競爭的兩強當中，面臨選邊的壓力。此種新冷戰的情境猶如1950至1960年代的再臨，構成對於國內自由與境外安全最大的挑戰。新冷戰的政治學與國際關係研究，將成為未來一段時間的顯學，而對於中華民國的台灣而言，更是維護國家安全與現存自由主義民主體制最需要發展的學術領域。子立教授的大作，來得正是時候。

自　序

　　川普當選美國總統後發動美中貿易戰，點燃二十一世紀新科技冷戰而引領全球秩序重組是當代國際關係最重要的議題之一。作者既師承又啓蒙於東海大學宋興洲教授研究現實主義，復受中央研究院吳玉山院士啓發，長期關注大國之間的權力消長與國際秩序的議題。在2009年全球金融危機之後，併發了一連串的經濟與政治效應，最明顯的就是經濟的貧富差距與政治的民粹主義，中間地帶則是難民危機與英國脫歐。除此之外，二十一世紀的第二個十年的發展，則是中國的帶路倡議興起的中國式國際建制引領國際風潮，一連串的國際事件引人入勝，這一代的觀眾正親眼目睹一場國際格局的大變動。

　　緣此，本書利用五章的篇幅，第一章先從理論出發，先說明美國與中國的力量變化如何導致國際秩序重組，使得讀者先能將這些抽象的語言立體化。接著第二章進入空間層次與次級體系的角度，說明歐盟經濟整合由盛轉衰的原因。過去主流認知，認為區域經濟整合會帶來和平與繁榮，以歐盟的經驗關係，政治與經濟整合之後並沒有發生身分認同，反而是國力嚴重不均衡的發展。特殊之處是在於過去民主政治的信徒，對於民主國家制度的韌性有無比的信心，但是二十一世紀的特色卻是人民對現狀不滿而以選票制裁建制派，成為疑歐派與民粹主義迅速茁壯的沃土，經濟與政治相繼混亂，理念分歧之後對原本的區域秩序造成嚴重的破壞。

　　第三章則從被經濟問題誘發的疑歐勢力崛起切入，說明當傳統政黨不能解決經濟分配問題，選民寧願給接地氣的政客機會。疑歐派走向民粹主義，而且不單獨存在於個別國家，而是跨區域與全球的現象，劇烈地反對原有的自由主義國際秩序，經濟上走向保護主義、政治上朝向民族主義。民粹主義者相信開放的自由主義傷害了公平與正義，應該採取現實與保護主義來保障本國民眾的利益，此種主張與政策，跟二戰以來的自由主義國際秩序完全背道而馳。為求深刻了解此種變化，第三章運用英國脫歐作爲案例，分析貧富差距與外來移民的問題是如何激發民粹政黨的支持度上升而產生脫歐結果。

　　第四章則是進一步地解釋自由主義國際秩序重組後，歐洲夾在美中兩強之間如何自處，不僅中國對歐盟的經略戰略發生改變，美國也不斷要求歐洲盟友歸隊。如果說美中之爭是修昔底德的陷阱，那麼歐盟的內外交迫則是間接傷害。最後則是設身處地思考兩岸如何受到全球秩序重組的影響，其重要性不言可喻：牽涉到了台灣生存的處境，更需要全面的從空間、認知與時間三層面的檢視，回答現實主義永恆的命題：小國必須承受？

　　本書能夠完成必須感謝的人太多。回顧我2006年到英國開始涉獵歐洲研究，中間返回母校探訪恩師宋興洲教授，聊天之際他也不忘詢問我的論文進度，並跟我提及新古典現實主義的解釋力，那時初探知識殿堂的我聽得如癡如醉，隨即在博士論文中開始運用該理論以解釋歐中關係。完成學業回台後尋找教職的過程艱辛不在話下，可是恩師並沒有多說什麼，卻在2013年初打電話給我，溫顏地請我回母系客座，開啓我真正的學術生涯。回到母系，恩師成爲我身教言教的榜樣，系上研究風氣在他領導之下學風鼎盛，我沉浸在極其快樂的研究環境，開始一點一滴地思考寫作本書。說來幸運，我的研究之路一點也不寂寞，好友劉以德教授熱情地爲我指點迷津，道出我研究的盲點。系上年紀相仿的老師更成爲我的知心好友，大方地爲我傾囊相授撰寫期刊與科技部計畫的奧秘。2018年沈有忠教授邀請我參與科技部整合型計畫，更開啓了我前所未有的學術視野。一群學術領域相仿又不同的老師們一起討論民粹主義，真的是非常過癮的一件事。不僅如此，中研院吳玉山院士在沈老師的邀請下，擔任共同主持人，長期地與我們進行討論，不僅把我們五人的知識融合起來，更是把我們的研究帶到思想的領域而不畫地自限，讓我們一次又一次享受知識上的精彩。

　　五南出版社副總編輯劉靜芬女士對我的耐心與包容對於本書的誕生功不可沒，五南在學術出版的地位崇高，啓發無數學子，劉女士願意給學術新進機會,協助我的寫作與審稿,而她出色的編輯團隊,更使得本書的易讀性大增。在出版之前,由於平時受到吳院士知識的啟發,斗膽地邀請院士為書作序。我知道這是一個莽撞的舉動,沒想到院士想也沒想就溫暖一笑地答應。更沒想到的是,他僅花了一週不到時間就完成閱讀並撰寫近6,000字的序。此序對讀者而言是提綱挈領,引經據典,結合理論和實證經驗,是本書必讀的部分。對我而言,則是有種恍然大悟,思想上更進一步之感。最後,也是最重要的是要感謝我的家人,沒有他們的諒解與支持,使我無後顧之憂全心全意撰寫本書,如果有任何的成果,當然獻給他們。但是,書中有任何闕漏之處,責任則當然在我。

目錄

導　論　　　　　　　　　　　　　　　　　　　　　　001

第一章　新古典現實主義與全球秩序重組　　　　　015

　一、背景　　　　　　　　　　　　　　　　　016

　二、國際體系、秩序與新古典現實主義　　　　019

　三、空間層次變化與秩序的重組　　　　　　　027

　四、認知層次變化與秩序的重組　　　　　　　034

　五、時間層次的變化與秩序的重組　　　　　　038

　六、小結　　　　　　　　　　　　　　　　　045

第二章　全球秩序重組的空間層面
　　　　──從區域整合論秩序改變　　　　　047

　一、背景　　　　　　　　　　　　　　　　　048

　二、空間層次上的國內因素　　　　　　　　　052

　三、區域因素中的領先國　　　　　　　　　　058

　四、區域因素中的新進國　　　　　　　　　　062

　五、區域因素之經濟效應　　　　　　　　　　066

　六、小結　　　　　　　　　　　　　　　　　078

第三章　全球秩序重組的認知層面
　　　　　——物質到理念的分歧　　　　　　**081**

一、背景　　　　　　　　　　　　　　　　082
二、歐債危機到疑歐主義的興起　　　　　083
三、歐洲議會：理念與身分認同的競爭　　088
四、分歧產生身分衝突——英國脫歐　　　093
五、獨立黨操作認知的分歧　　　　　　　101
六、改變歐洲秩序對英國與歐盟的影響　　108
七、小結　　　　　　　　　　　　　　　110

第四章　全球秩序重組的時間層面
　　　　　——過去與現在分歧　　　　　　**113**

一、背景　　　　　　　　　　　　　　　　114
二、時間層次下中國外交思維的演進　　　115
三、時間層次下中國的歐盟政策　　　　　120
四、時間層次下的歐中貿易秩序重組　　　126
五、時間層次上歐中的物質理念分歧　　　135
六、小結　　　　　　　　　　　　　　　143

第五章　全球秩序重組與兩岸關係
　　　　——空間、認知與時間的分歧　　**147**

　一、背景　　148

　二、空間層次下的兩岸關係　　149

　三、認知層次下的兩岸關係　　154

　四、時間層次下過去與未來的威脅　　160

　五、小結　　167

結　論　　**169**

導　論

"States in the world are like individuals in the state of nature.
　　They are neither perfectly good nor are they controlled by law."
Kenth Waltz[1]

　　本書撰寫的目的，是要解釋二十一世紀初期，扭轉國際秩序的最重要事件，即爲什麼美國總統川普（Donald Trump）要發動美中貿易戰以及戰略對抗背後的背景因素——全球秩序重組的前因後果。川普不是單純地不滿中國搶走美國工作、侵犯智慧財產權、占世界貿易組織（World Trade Organization, WTO）的便宜，而是如何力求達成美國再次偉大，因此美國調整對中國戰略就成爲首要目標。除了政策上對中國輸往美國市場的商品課以不同程度的關稅，企圖迫使中國在美中貿易談判中，能夠接受美國條件，戰略上更企圖迫使中國按照美國的規範與標準活動於國際社會。雙方關係的改變正如同學術界所關注到國際秩序正在產生劇烈的變化，對於許多國家，包含台灣，在經濟與政治都產生深刻影響。國際體系與秩序是一個隨著大國力量變化而不斷變動的產物，[2] 二十世紀第二次世界大戰結束後，美國所主導的全球化就已悄然開始，所建立的國際經貿秩序，透過許多國際組織、多邊協定、區域合作，凝聚國家間合作的基礎。在冷戰結束後，自由主義國際秩序的成效達到頂峰，中國也搭上這班列車，從冷戰時期封閉的共產國家，走向融入世界經濟體系。1978年開始在鄧小平的主導下，採取改革開放的政策，就政治上繼續維持一黨專政，經濟上則納

---

[1]　Kenneth N. Waltz (1954). *Man, the State, and War: A Theoretical Analysis*. Columbia University Press, 2001 edition, p. 163.

[2]　John J. Mearsheimer (Spring 2019). "Bound to Fail: The Rise and Fall of the Liberal International Order." *International Security*, 43(4), pp. 7-50.

入市場機制，逐步走向世界工廠的道路。[3]經過三十年的努力，中國經濟力量已經越來越接近美國，開始主張單極霸權世界充滿缺陷，而中國正是讓是全球更穩定的另一極，[4]渴望能有更符合中國利益的國際秩序。

許多中國人會這麼想是很合理的，因為2001年中國加入世界貿易組織時，其製造業已經是世界第四大，而十年後，已經成為世界第一大製造王國至今。[5]中國取得巨大成功的同時，其歐美的力量開始衰退，美國內部因全球化生產基地的轉移，製造業大量外移，許多資金流向金融業並大玩起槓桿遊戲，而造成了2008年的美國次級房貸危機，引發2009年歐債危機，不僅使得失業率上升，同時也加劇了貧富差距擴大，雪上加霜的是，經濟的困頓誘發了民粹主義席捲許多國家，偏偏民粹政客執政後也無法有效解決民主政治與資本主義下最困難的「治理」與「分配」的問題。歐美因內部國力衰退而無力與新興國家在許多重大全球危機的問題達成共識，國際上不論在氣候變遷、難民政策、毒品防治等等國際性議題，都陷入嚴重的停滯不前。

以時間來看，歐美主導力量下滑與中國的崛起相當接近，此一起一落的轉捩期，經過近十年的發酵，中國從江澤民、胡錦濤與習近平三任總書記，除了有六四天安門事件的悲劇之外，經濟達到二十年的雙位數成長，直到2016年起落回個位數。反觀西方，從2001年九一一恐怖攻擊以來，社會上歐美各國飽受恐怖主義、難民湧入與民粹主義之苦，引發基層民眾的不滿。但是，歐美的問題反映出的不是中國崛起，而是自由主義國際秩序已經不僅是服務西方國家利益，中國更

---

3 Arthur Kroeber (2016). *China's Economy: What Everyone Needs to Know*. Oxford University Press, pp. 1-10.

4 Yan Xuetong (30 December 2011). "From a Unipolar to a Bipolar Superpower System: The Future of the Global Power Dynamic." *Global Times*.

5 Darrell M. West and Christian Lansang (10 July 2018). "Report Global manufacturing scorecard: How the US compares to 18 other nations." Brookings.

是獲益於此國際秩序最深的國家，北京因採取一帶一路戰略擴張以強化既得利益地位，成為美國最佳的怪罪對象。短短幾年之間，美國不分黨派、中央政府與地方政府、行政部門或是國會，均將中國視為威脅。[6]另一方面，崛起後的中國更想在國際上按照「中國價值」行事，是源自於自由主義的國際秩序已不再符合中國的利益。試圖解釋全球秩序如何「被」改變，以及「被」重組，即是本書探索的目標，並且描繪這個過程，論證秩序的重組是大國間因經濟競爭力變化而導致政治權力消長的自然規律。

　　此種規律，正是國際體系與秩序的特徵，具體指的是：強權間的權力消長，會導致「極」的變化，二戰以來的改變，是從雙極走向單極、再演變成多極。冷戰結束後，蘇聯從全球強權轉變為中型大國的俄羅斯，這是一個重要的變化；第二個變化是中國從區域強權走向跨區域強權的過程中，運用其經濟與政治力量，將自己對他國的經濟影響力轉化為政治影響力，努力建立有利於中國的新國際秩序；第三個變化是既有霸權美國因為經濟力量不若過往，常藉由單邊力量壓迫自己的同盟國以換取美國國家利益，同盟國對此當然不滿，再加上缺乏像冷戰時期的外在威脅，同盟國也不再認為美國的保護是必要而且迫切，不需要事事聽從美國意見。

　　這三個變化呈現出新秩序尚未成熟，舊秩序也無以為繼。具體例子就是2018年APEC沒有達成宣言，G20只關注美中貿易戰是否落幕，WTO無法繼續有效地解決各國貿易爭端，都具體展現國際組織無法化解強權之間的紛爭，導致二戰以來美歐國家苦心締造數十年之久的自由主義國際秩序無以為繼。為求深入了解到底是什麼原因造成此一困境，本書提出核心的研究問題：為什麼全球秩序會重組？為什麼美國與歐盟是秩序的締造者要改變之？為什麼中國是秩序的既得利益者也要改變之？全書運用以五章的篇幅，從理論出發，從空間、認

---

[6] Larry Diamond (ed.) (2018). *Chinese Influence & American Interests: Promoting Constructive Vigilance*. CA: Hoover Institution.

知與時間三個層面，先運用歐盟整合後的經濟與政治變化，再以中國改變其歐盟政策，最後以秩序重組如何影響台灣的未來，進行環環相扣的闡述與分析。

關於第一章

第一章先以理論著手，運用新古典現實主義作為理論架構，界定本書各個主要概念，包含體系與國際秩序兩個主要觀念，接著才能清楚國際體系變化與秩序的重組之間的關聯性。這樣的安排目的是在於分析當自由主義國際秩序無法維繫，企圖改變現狀的美中兩國成為彼此全方位的對手，美方視中國為經濟掠奪者，在軍事上是具有威脅性、地緣政治上的對手，最後，更是意識形態的競爭者，此種觀點在美國前國家安全顧問發在《大西洋月刊》（The Altantic）題為「How China Sees the World」文章中一覽無遺。[7]如此一來，兩強對峙產生矛盾，經濟上彼此互為最重要貿易夥伴，中國是美元外匯存底最高的國家，雙方所擁有的核武又使得真正的戰爭不可能發生，雙方只能鬥而不破，從而造成重大的政治經濟影響，對秩序重組帶來非常不確定的態勢——消費者不敢消費，投資者怯於投資，市場呈現一片低迷。為了讓全書的邏輯辯證更為清晰，進一步解釋歐美當前經濟上的收縮，使得中國的一帶一路享有戰略機遇，川普總統濃厚的保護主義思想扮演臨門一腳的角色。在他的就職演說中，他的思想一覽無遺：「保護措施將造成偉大的繁榮與強大」。川普的關稅不是針對中國而已，而是所有對美國享有貿易盈餘的國家。由此可知，秩序重組往往意味著霸權國家因為國力變化而做出的調整。

複雜的現象可以用簡單的問題加以層層撥開，本書的研究問題（Research Puzzle）關注的不僅是美中兩國，也思考為什麼自由主義

---

[7]　H. R. McMaster (May 2020). "How China Sees the World." The Atlantic.

國際秩序的締造者之一，區域整合的模範生——歐盟，也促成了全球秩序的重組？爲什麼中國崛起得益於現在的國際體系結構，卻又極力建立新的國際秩序，在美國全力反撲之下也不輕易妥協？本章將運用新古典現實主義的三層次分析，賦予國際體系變化立體感，讓眞相清晰易懂：第一，空間層次上，國際體系霸權受到挑戰，肇因於美國經濟結構改變與中國在國際組織的影響力增強，不過像是在國際貨幣基金組織（International Monetary Fund, IMF），美國仍享有一票否決權，沒有華府的支持，重要的金融議題都不會通過。國際組織運作規則沒有符合國家實力變化，可推動的決議就不會產生，更無法解決像是Covid 19所帶來的全球衛生與經濟危機；第二，認知層次上，次級國際體系的改變，因爲川普政府認知到美國經濟優勢不再足以維持多邊主義，因此走向雙邊主義以達成對美國更有利的貿易協定，拒絕TPP與TIPP即是具體作爲，造成理想上的自由主義國際秩序不再能夠解決國家間的紛爭，從而提供了中國絕佳的國際政治經濟的機會，進一步亞歐洲國家合作，締造自己主導的國際制度（International Regime）；第三，時間層次上，各國內政治經濟環境的改變，帶來國際權力版圖的重組，特別是隨著中國在經濟發展上的成功，中國在政治上更爲自信，在擴張國家對外影響力上更爲積極。在此之時，中共修法讓國家主席成爲沒有任期限制的終身制主席，內部政治權力集中的結果，就是導致對外作爲更沒有官僚體系的節制。

　　根據上述三個層次所闡述的國際秩序重組，現實世界的反應乃是區域衝突的增加與難以平息。像是俄羅斯拿回克里米亞而歐美國家制裁無效、敘利亞曠日廢時的內戰導致美國從敘國撤軍，都顯示美國無力「維持現狀」，顯示不平衡多極的格局產生的嚴重不確定性。即便是2018年美國主動採取關稅貿易戰，並要求盟邦全力協助共同圍堵中國電信龍頭企業華爲公司，而歐盟各國對此遲遲無法達成共識，可以看出中美對抗而歐盟不輕易地選邊站，這在上一個世紀冷戰時期是無法想像的，正也突顯出國際權力正在重組的階段。

　　影響所及，世界經濟連帶受到影響，主要經濟大國的企業皆因未來的不確定性太高而不願投資，消費無法帶動需求，導致貨幣政策各自為政，美國在貿易戰談判無法獲得進展時，將中國列為貨幣操縱國，但是也無法解決美中貿易僵局。回首川普競選美國總統時，以美國優先為口號，當選後也繼續作為政策加以落實，以鄰為壑的關稅貿易政策較過去更為保守與封閉，以公平之名給予貿易種種限制而非自由。在全球最重要的國際貿易組織WTO的治理上，全球經濟貿易結構不僅無法往好的方向改革，甚至往更壞的方向前進。相對於美國的保護主義，中國在世界各國強勁地投資與併購大型跨國企業，常常被視為得益於美歐在國際經濟影響力的消退，而中國的一帶一路：「絲綢之路經濟帶」和「二十一世紀海上絲綢之路」，更被認為是用以改變全球國際秩序的關鍵戰略。

　　中國崛起後的新戰略，重點不僅在改變現有國際權力體系，更是要能符合中國國家力量繼續發展的需求。在世界銀行或是亞洲開發銀行的治理結構，中國的投票權無法產生決定性的影響力，一開始為了配合一帶一路的資金需求而打造的亞洲基礎建設投資銀行（Asian Infrastructure Investment Bank, AIIB），成立之初就受到各國的認同並紛紛加入，在一年半左右的時間中，即招募了57個創始會員國，展現出中國已經取代美國，成為最多國家最大貿易夥伴的經濟實力。參與的國家都希望藉由一帶一路與AIIB共同實踐就業與經濟的雙重增長。不過，一帶一路所提出的計畫，大多是新瓶裝舊酒，許多研究質疑中國當前內部巨大的經濟轉型挑戰，帶路倡議是否能夠實現中國夢成為一大挑戰。不僅如此，許多民主國家舉行大選時，政黨間的競爭常常會分成親中與反中路線，而反中政黨常常控訴接受中國的帶路倡議貸款與合作，像是高築的債務而無法償還，最終國家前途將掌握在中國手裡。面對許多批評，中國開始不稱一帶一路，而稱之為「帶路倡議」，然而無論未來中國夢實踐與否，全球秩序重組的序幕，的確是由美中之間的競爭所揭開序幕。在地球板塊的另一端，歐洲整合的果實，也出現戲劇性的變化，從經濟整合的雲端摔落至歐債危機的谷底，更為秩序重組添加了柴火。

關於第二章

　　第一章側重理論架構的提出，以檢視國際體系變動；第二章則將視角轉向歐盟，從新古典現實主義的空間層次與次級體系的途徑，檢視歐洲的區域整合在內部經濟事務方面的矛盾與衝突，導致區域秩序的重組。歐盟在2009年至2019年十年之間，從政治經濟整合的高峰——《里斯本條約》的簽訂——摔落下來，歷經自成立以來最大的危機：歐債危機。此一危機亦是表現於國際秩序重組過程的一環，主因是歐洲整合之後，南歐國家內部被雙重掏空，人才、資金與投資均流向北歐與東歐，會員國政府在稅收不足而公共支出繼續維持既有規模時，債務自然變成大到不能倒。簡言之，歐債危機是造成歐盟力量下滑的關鍵點，原因是眾會員國間經濟力量不平均的發展且缺乏有效的調和，造成歐盟治理面臨嚴峻的挑戰。歐債危機併發的歐盟整合危機，許多會員國皆有貧富差距的困境，不僅存在於會員國之間，也存在於會員國內。

　　歐債危機不僅跟經濟發展不平衡有關，歐元的誕生更加速擴大此一不平衡現象。歐元不僅僅是單純的貨幣、金融或財政政策，而是政治決定。當德法政治人物終於達成協議決定讓歐元上市的同時，英國內部掀起巨大的爭議，經過兩大主要黨激烈辯論後決定不加入歐元區。但是出乎意料地，除了剛上路的前兩年幣值不高外，僅僅數年間，歐元在2006年已經成為跟美元一樣的主要國際貨幣，而後爆發的歐債危機重創歐元，從崛起到慘跌也不過短短三年之間。本章將辯證，全球秩序的重組，早在歐債危機的發生之前就顯現出端倪，因為歐盟成功的區域整合所產生的經濟成果未能雨露均霑到所有國家。舉例而言，南歐諸國遭受到加入歐元後的經濟衝擊，也就是相對於西歐、北歐的工業技術及結構之比較優勢，或者東歐諸國的成本優勢（土地、勞動成本都遠低於南歐），使得南歐諸國在面臨金融風暴時，經濟衰退得特別嚴重，是歐債危機的最大受害者而非肇事者。這對於長期歐洲整合形成的區域秩序，產生動搖的徵兆。

　　不僅如此，歐盟內部經濟增長後分配的困境，則引發了整合的政治反彈，論者認爲像南歐諸國此種經濟不具競爭力的會員國加入歐元後，其產生的經濟效應與當初預期是非常的不同。人民與政客都在享受幣值虛胖的快樂，沒料到美國金融危機爆發後，各界回頭注意到歐元區某些國家的債務高到無法償還，產生信心危機，才明白幣值虛胖的痛苦。歐洲整合經驗對於全球秩序而言，是寶貴的一課，其影響從國內延燒到區域，因爲南歐國家經濟競爭力不足而且布魯塞爾分配權限不足，使得區域整合產生痛苦的政治紛爭，從而影響全球秩序。下一章，則進入認知層面，理解國家如何從物質分歧走上理念的分歧。

關於第三章

　　由第二章可知，歐盟整合之後有些國家更富裕，有些國家更貧窮，可是經濟並不是割裂歐洲的唯一因素，其他的分歧有地理上的東歐、西歐，也有意識形態上的新歐洲、老歐洲之分歧。這數種區域內部分歧使歐盟在對外事務上難以形成一致的共識，在國際上也就無法以一個聲音傳達出歐洲對於國際爭議的解決辦法。歐盟過去是自由主義國際秩序堅定的守護者，現在自顧不暇。因此本章將驗證新古典現實主義的認知層次，主張歐洲由於缺乏一個身分認同，會產生物質分歧再轉化爲理念的分歧。過去認爲經濟整合可以帶動政治整合，最終可以建立歐洲認同，現在則發現此路可能不通。可以這麼說，隨著整合的擴大，疑歐派的支持就逐漸上升。疑歐派的訴求，基本上就是反對歐洲身分（European Identity），利用歐盟的缺陷得到民眾的支持，許多民粹政客都在問：爲什麼同樣是歐盟國家，財富都集中到德國去了？爲什麼富裕的德國也不情願地爲南歐國家抒困？如果是一個國家，根本不會有這些問題，中央政府統一調節稅收，補助貧窮的地方是天經地義的事，但是在歐盟就難如登天。難民的問題更成爲疑歐與民粹政黨攻擊傳統政黨的利器，呼籲選民要用選票制裁這些建制派

政黨，雖然民粹政黨在許多會員國的支持度不斷上升，但從Covid 19
的疫情事件中發現民粹政客根本無法解決這些二十一世紀的新問題。

　　第三章要解釋的就是從認知層次上，物質分歧（貧富差距）導致
理念（身分認同）發生的分歧，會引發區域乃至於自由主義國際秩序
的危機，因為新自由主義所帶來的貧富差距，在人民之間，在國家之
間，甚至是區域之間皆然。疑歐派從反對歐盟起家，但是在歐洲整合
前期階段一直沒有什麼支持率，直到歐盟的東擴才讓長期存在而影響
力有限的疑歐派抓到了抨擊點，開始攻擊歐盟錯誤的擴張，以及在貿
易、貨幣、財政與難民等各項政策，認為歐盟是問題而非藥方。物質
上，站在「富」一方的德國與執委會的撙節政策激起「窮」一方的南
歐國家很大民怨，導致疑歐派政黨開始以排外、反建制派為訴求，迅
速走上民粹主義的道路。更不幸的是，敘利亞內戰帶來的難民潮，使
得歐洲社會更為分裂，對照2009年《里斯本條約》生效時的歐盟建制
派的躊躇滿志，對於這種急速的改變，本章試圖提出解釋，以回應更
大的問題，當經濟的「分配」出了問題，就會造成政治上的「治理」
問題。[8]

　　而當國家治理發生問題，執政黨擺脫責任最容易的方法，就是將
責任歸咎於外部因素，這即是何以英國保守黨為求2015年大選獲勝，
居然以脫歐公投為政見，讓人民以直接民主的方式決定一個國家的關
鍵外交政策。儘管這非常民粹，但其實就新古典現實主義的觀點，
強調對國內經濟社會到達一個臨界點，就會施壓政府改變國家重大政
策。然而，脫歐的民意與在國會殿堂的議員之間鴻溝是難以平衡。再
進一步檢視歷次國會就脫歐協議的投票可發現，主因竟然是多數的執

---

[8]　Hal Brands (2016) American Grand Strategy and the Liberal Order: Continuity, Change, and Options for the Future, RAND Corporation, p. 2; John Ikenberry (2001) After Victory: Institutions, Strategic Restraint, and the Rebuilding of Order after Major Wars, Princeton University Press, pp. 23, 45; Daniel Boffey (16 Jul 2019) "Ursula von der Leyen elected first female European commission president." The Guardian.

政黨對於如何脫歐無法達成共識，而非反對黨的掣肘。英國脫歐議題導致國家與民意分歧，面對其他27個會員國大多主張對英國採取強硬對策，形成歐洲重大的分歧。英國脫歐的意涵，如同本書核心問題：「為什麼既得利益者要改變現行秩序導致秩序重組」一樣，運用理論架構中的認知層次進行分析：嚴重的國內政治經濟社會之分歧，會導致理念的分歧，也就是歐洲身分認同的歧異。

儘管英鎊保持與歐元的距離，可見英國相較於其他會員國對於貨幣整合更為謹慎，但是貧富差距的物質分歧還是帶來身分分歧，並分裂了政治上傳統的版圖，使得兩大黨內部四分五裂。帶有民粹色彩的強森（Boris Johnson）趁勢贏得保守黨黨魁，入主唐寧街10號，其強勢地要求硬脫歐（Hard Brexit）更是為歐洲秩序帶來重組。歐盟歷經如此重大的分歧，自然會改變其對外關係，其中，最重要的當屬與中國的關係，因為在美歐共建的全球秩序，歐中雙邊關係的變化牽動整體國際格局的發展。

關於第四章

本書的後半部，開始檢視國際秩序重組帶來的影響，也就是前三章描述由外到內的關係變化下，如何在空間與認知的層次上，影響到全球國際秩序。美國為不平衡多極體系中的秩序維持者，但是企圖改變秩序，由此引發的美中貿易戰已經在第一章討論過；歐盟作為世界第二大經濟體，也是次級體系中最重要行為者，一直是國際秩序穩定的重要力量，但是美國與中國皆想改變現行秩序，只剩下歐盟還堅守著自由主義國際秩序的理念。不僅如此，美國在開打與中國的貿易戰之後，不僅沒有拉攏歐盟，還不斷在北約議題抨擊德國，也要求歐洲盟國配合抵制華為通訊設備公司，在華盛頓的壓力之下，歐盟與中國關係的變化就顯得極具重要性。而之所以將此部分放在第四章，目的是讓讀者先有歐盟的空間與認知層次下的經濟政治結構改變的概念，才容易理解中國如何在時間的軸線上經略歐盟，從而具體而微展現全球秩序重組的一環。

本章所提出饒富趣味的子命題是，歐盟是美國最重要的盟友，不論從兩次世界大戰，或是戰後的馬歇爾計畫，美國都算得上是歐洲的救命恩人，更是與美國並肩作戰的民主人權價值守護者，但為什麼在美中貿易戰中，歐盟遲遲不願跟美國站在一起？甚至Covid 19此一百年來最嚴重的全球傳染病的橫行中，居然不見美歐聯手抗疫。這當然受到全球化後，國家間經濟結構改變，加上俄羅斯的威脅不若蘇聯時代，從而導致傳統跨大西洋夥伴關係發生質變。正如第一章理論部分所闡述的，意識形態重要，國家利益也很重要，而意識形態會隨著國家利益內涵變化而產生轉變。因此本章延續新古典現實理論架構，以時間層次，描繪、分析與闡述，過去中國與歐盟是彼此的戰略機遇，到二十世紀成為戰略伙伴關係，在進入蜜月期後又因美國出手阻撓，現在已經成為經濟夥伴關係，中國對歐盟的經略，也因此從布魯塞爾走向各國首都，自身的全球戰略，也從「韜光養晦」，走向「有所作為」。

中國積極發展與歐盟的關係，其時間與歷史脈絡也是不脫世界體系格局的影響。美中關係緩和後，歐洲共同體（歐盟前身）立即開始展開與中國的往來，從貿易開始，逐步擴大。正如第一章所論述的，國際秩序的重組，中國的歐盟政策也隨之改變，因為早在2004年，歐盟已經取代美國成為中國的最大貿易夥伴，而歐盟也視中國的崛起是歐洲經濟增長的機會，比起美國，其更願意採取合作的方式與中國進行全面交流。對於中國，歐盟也是技術取得的主要來源。歐盟與中國迅速地進入蜜月期引來美國的側目，主要是因為美國發現在全球反恐戰爭，中國並不是真的站在美國的陣營，那便不能坐視中國跟自己最親密的盟友發展特殊的戰略夥伴關係。當歐盟企圖以解除中國武器禁運議案換取更多的中國訂單時，華府決定出手干涉，顯見華府對於北京擴張國際影響力是非常敏感。過去武器禁運案如此，現在阻止歐盟各國採購華為5G設備自然也是如此，重點在於華府是否有足夠的力量改變布魯塞爾的決策。[9]

關於第五章

　　最後，本書另外一個重要而關鍵的案例，就是兩岸關係。從中華民國到台灣開始，就是因戰爭而造成國際秩序變動而誕生兩岸關係，七十年的時間，兩岸發展幾乎就等同於全球秩序變動之鏡子，既有各個層次的變化，也有權力與價值秩序的衝突。

　　當兩大強權都想要改變既有的自由主義國際秩序，第一線直接受到衝擊的，就是脆弱的兩岸關係。在大國結構上，由單極到一超多強乃至於不均衡的多極體系，中國的影響力明顯超越除了美國之外的強權。對新現實主義者而言，美中貿易戰的發動者並不只是川普總統，而是體系壓力開啟了科技貿易新冷戰的時代，即使2016年當選的不是川普總統，任何當選的美國總統也會做出類似的決策。不僅如此，Covid 19的發生，只是使得兩強衝撞得更厲害，而非共同解決危機。在世界前往兩極體系的路上，美國力圖減緩中國逼近的速度與威脅。而無論華府如何努力阻擋，中國已然崛起，對擁有力量的中國最具誘惑的，莫過展現對台灣主權的擁有。現實主義者很清楚地明白，具有力量對大國而言，是一種誘惑，而不只是隨心所欲而已，如果不懂得管理力量的誘惑，那麼對於國家其實是一種災難。正因如此，普遍的中國菁英認為，台灣回歸時間已經不是問題，重點在於「如何」。連結本書與本章延續性的核心問題：為什麼國際秩序重組，惡化的美中關係同時改變了兩岸關係與增強了美國與台灣的關係？國際體系在此之中發揮什麼影響力？

　　從歷史的角度也能闡明兩岸關係就是國際體系變化的產物。自從

9　Information on German Foreign Policy (December 2017). "Berlin Calls for a 'One-Europe Policy'."

中國國民黨失去中國大陸政權以來，兩岸關係與國際局勢變動有密切的因果關係。無論是韓戰的爆發或是中美建交，都對兩岸關係產生了無比深遠的影響。而今日西方經濟力量相對下滑與民粹主義興盛，在此之時，中國勵精圖治地崛起，一下一上所造成世界體系秩序變化，跟上一個世紀的美中建交同樣地牽動兩岸關係。長期以來，中華民國在台灣在國際社會所扮演的角色，除了自身命運的延續之外，更多的是美國利益在國際社會的體現。美國需要的時候，中華民國在台灣可以是聯合國安理會的常任理事國，在美國不需要的時候，台灣又可能是一個麻煩製造者。回顧2019年的國際現勢，經濟上，美中展開大規模的貿易談判；戰略上，以印太戰略回應北京的帶路倡議，美國希望台灣在此對抗過程中，扮演服務美國利益的角色。美中關係的高度複雜性，會使得台灣利益與美國利益產生干戈之處。[10]

　　最後，全球秩序的重組並不代表美國的殞落，美國固然因為自身經濟結構與製造競爭力不足而採取保守而封閉的政策，但是美國在許多方面，仍然執世界之牛耳，不管是硬實力還是軟實力皆然。兩強是否能和平共存，或者今日對抗明日選擇和解，並不是台灣能夠決定或是改變。可是，在自由主義國際秩序重組的過程中，台灣能做的，也是最重要的，就是減緩國家認同的分歧，全力以民主韌性的概念，為台灣政治經濟的發展尋求各種可能性。自由貿易當然是台灣的命脈，兩岸經貿融合後的台灣產業的生存，會像第二章所描述的北方歐盟國家，還是南方歐盟國家？結論中，本書反省歐盟整合的例子，台灣應當認識到產業升級比防止產業外移來得有價值。世界正在變動中，讓自身更有競爭力，堅持自由價值的全球秩序，是唯一讓台灣繼續繁榮的重要核心關鍵。

---

[10] Ankit Panda (08 October 2018). "What Does 'Competition' Between the United States and China Really Mean?" The Diplomat.

第一章
新古典現實主義與全球秩序重組

一、背景

　　當川普發動美中貿易戰爭時，一定沒有想到隨後而來的全球
Covid 19爆發。疫情不僅沒有逆轉他的決定，更是加速美中關係惡
化，並引起非常多的連鎖效應，對於不同的國家，不同的產業，皆
產生巨大的影響。或許短時間內，還無法確切地知道真正的後續可
能發展，然而，歷史可以帶來一些啓發。1930年6月17日美國胡佛總
統簽署歷史性的《斯姆特—霍利關稅法》（The Smoot-Hawley Tariff
Act），起因於當時美國製造商競爭不過歐洲各國企業，因此對3,000
多項進口商品課以60%高關稅，以保護美國市場，[1]後就是歐洲各
國也採取報復性關稅，引發世界經濟大蕭條，進而誘發了第二次世界
大戰。而第一次世界大戰結束後併發的西班牙大流感，不但沒有改變
戰後秩序，也無法阻止軸心國的侵略野心。歷史殷鑑血跡斑斑，台灣
千萬不能因爲上升的台美關係，或是香港版國安法通過而暗自竊喜，
因爲在國際體系當中，小國的命運並不完全由自身可以掌握，惡化的
大國關係，代價往往是由小國來承擔。

　　二戰結束超過一甲子，期間歐美各國致力於重建國際秩序，爲的
就是不要重蹈覆轍。然而，川普當選美國總統，他的戰略思維與決
策風格，使得過去幾十年的努力，可能化爲烏有，從多邊主義走向雙
邊主義，從自由主義走向保護主義，正是當前川普與前任總統歐巴
馬最大的不同。由於認知中國從「韜光養晦」走到「有所作爲」，
川普團隊決定以貿易關稅的方式，逼迫中國在貿易中做出妥協。儘管
雙方貿易互賴程度很高，談判變得曠日廢時而且常常受到各式突發狀
況影響。川普習慣性利用推特（Twitter）宣布他的做法，像是生效的
2,500億美元進口關稅將從10月1日的25%增加至30%；批評中國不應
該出於政治動機對750億美元的美國產品加徵新關稅。[2]很顯然地，川

---

[1]　The Economist (18 December 2008). "The battle of Smoot-Hawley."

[2]　Joshua Gallu (23 August 2019). "'In the Spirit of Achieving Fair Trade,' Trump
　　Raises Tariffs on Hundreds of Billions of Chinese Imports." Time.

普無法從北京那裡得到妥協，但是他目標對準的是遏止已然崛起的中國繼續威脅到美國的地位與利益。

　　川普的作爲，其實從美國學者的研究，可見端倪。2017年法蘭西斯·福山（Francis Fukuyama）到台灣發表演講，題目是自由主義國際秩序的崩解？主軸在於美國已經開始背離「自由主義國際秩序」（Liberal International Order），而朝向「民粹國族主義」發展。這種民粹政治的興起，不僅出現在美國，也席捲了英國、歐洲及亞洲諸多國家，是一個最令人憂心的全球新趨向。他的演講啓發許多人的疑問，想要一探究竟，什麼是國際秩序？爲什麼會崩解？又爲什麼會朝向「民粹國族主義」發展？他在隔年到日本的演說，指出這是一個全球化的反作用力，全球化讓這個世界更富有，但是沒有讓每一個人在每一個國家更富有。他也認爲，因爲川普逐漸背離了自由主義國際秩序，而中國作爲一個上升強權，會填補此一眞空，這可能會對自由主義國際秩序造成問題。[3]福山的研究，點出當前國際局勢動盪的原因，但阻止不了川普繼續以制裁中國作爲他的政績。

　　2018年3月22日川普總統簽署備忘錄，以「中國偷竊美國智慧財產權和商業秘密」作爲理由，對中國進口的商品徵收關稅，涉及商品總計約600億美元，[4]進而引發了美中貿易戰，很顯然地，這兩個貿易強權打破國際慣例而不以WTO作爲解決貿易紛爭的場域，也都無意遵守既有的國際秩序，這突顯出本書的核心問題：「爲什麼全球秩序會重組？爲什麼美國是秩序的締造者要將其改變？爲什麼中國是秩序的既得利益者也要將之改變？」爲了全面理解此一變化，本章將先聚焦於理論的驗證，爲大國建立秩序，提供架構性的理解，闡述二十世

---

[3]　NHK (10 July 2018). "Francis Fukuyama: Liberal World Order at Risk."

[4]　Office of The United States Trade Representative Executive Office of The President (2018). *Findings of The Investigation into China's Acts, Policies, and Practices Related to Technology Transfer, Intellectual Property, and Innovation Under Section 301 of The Trade Act of 1974.*

紀後葉全球化的發展，WTO下的金融自由化後，各國的經濟表現不再單獨掌握於政府手裡。此外，過去許多國家相信加入區域整合是實現國家經濟增長的不二法則。然而，全球化加上區域整合，造成的結果是，強者越強，財富大量流向具有競爭力的國家，中國更是其中的佼佼者。

進一步簡化本書第一章想要揭開的謎題，也就是「自由主義國際秩序正在重組嗎」？根據Glaser所提出界定自由主義國際秩序的四個要素：「民主，建立階層、國際組織的約束、經濟相互依存」觀之，[5]第一：國際秩序的確正在重組。儘管美國還是唯一霸權，能在全球的尺度投射其軟、硬實力，然而肇因於全球化生產秩序的轉變，中國已經是國際上最多國家的最大貿易夥伴，中國在各國的影響力不斷上升，[6]在形成兩極之前，兩強正陷入對抗與衝突之中，自由主義國際秩序強調的「民主」與「國際組織的約束」，卻使得更民主化的國際組織能讓中國以投票的方式影響國際組織運作，導致美國常常以杯葛或退出表達不滿，WTO或者WHO皆是如此，Covid 19更證明過去秩序已不能解決今日問題。

第二：次級國際體系也正在改變。因為歐債危機的影響，不僅打擊歐洲經濟，歐元與歐洲整合都深受威脅，因為自由主義國際秩序強調「經濟相互依存」之後，卻造成富裕的北方與債台高築的南方在區域間的差異與分歧日益擴大，區域秩序有改革的必要性。在此之時，也間接提供了中國絕佳的戰略機會，進一步透過帶路倡議增加中國在歐洲的影響力，分化會員國的向心力，進一步催化區域秩序重組。

第三：各國內政治環境的改變也導致國內政治要求改變原本自由主義國際秩序已然建立的「階層」。此「階層」有助於國家擺脫在無

---

[5] Charles Glaser (Spring 2019). "A Flawed Framework: Why the Liberal International Order Concept Is Misguided." *International Security*, 43(4), pp. 51-87.

[6] Philippe Le Corre (17 March 2015). "Dividing the West: China's new investment bank and America's diplomatic failure." Brookings.

政府狀態中容易以軍事暴力衝突方式解決國際紛爭。[7]中國隨著經濟的成功，在國際事務上更為自信，採取帶路倡議的擴張路線，等於是在戰略上從韜光養晦走向有所作為，對現有「階層」發出挑戰。

對於這三個秩序變化，本章運用新古典現實主義（Neoclassical Realism）的理論框架，亦即是：空間層次（Spatial），指的是國內到國際環境的分歧與變化（Domestic-International）；認知層次（Cognitive），指的是從物質分歧到觀念分歧（Matter-Ideas）；最後是時間層次（Temporal），指的是從過去到現在的變化（Past-Present）[8]，系統性地論證全球秩序的重組。

很奧妙的問題是，美國是秩序締造國，中國是從現有秩序崛起國，是典型的既得利益者，為什麼要冒險改變既有秩序，引起他國的恐懼？美國可能會失去盟友的支持，甚而失去霸權的寶座，而中國則是可能引起他國的戒心，甚至遭他國圍堵。透過此一國際體系（International System）之旅，可以理解國家利益變化的其中奧妙。

二、國際體系、秩序與新古典現實主義

我們所存在的地球，主要是由許多國家所組成，國家之間，不論是今日，還是現代主權國家成形之前，都沒有一個所謂的「政府」在治理或是統治這些國家。此種無政府狀態，是理解國際體系的第一步。既然無政府進行治理與分配，當國家間有利益衝突時，暴力或是肉弱強食成為國家的直覺選項，既然依賴暴力，小國自然結盟在一起對抗大國，不論是西元前中國大陸的春秋戰國時代，或是1618年起的歐洲三十年戰爭，基本上國家生存的邏輯都是一樣的。當大國的

---

[7]　John Ikenberry (2012). *Liberal Leviathan: The Origins, Crisis, and Transformation of the American World Order*. Princeton University Press, pp. 70-74.

[8]　Michiel Foulon (2015). "Neoclassical Realism: Challengers and Bridging Identities." *International Studies Review*, 17, pp. 635-661.

實力足以一統天下時，霸權成形，可以號令天下、制定秩序，這裡的秩序，就是管理國家間利益衝突的方法。學理上，國際秩序就是在國際環境裡，治理大國之間關係的一套規則、規範與機構（the body of rules, norms, and institutions that govern relations among the key players in the international environment）[9]。這個秩序在不同的國際體系各有不同的型態，如果只有一個大國，稱之為單極體系（Unipolar）；如果是分庭抗禮的兩個大國，則稱之為雙極（Bipolar）；超過兩個，就是多極體系（Multipolar），但是只有在由民主國家主導的單極體系能產生自由主義國際秩序。[10]

全球秩序之所以重要，主要是因為這個世界處於無政府狀態，國家間如何分享利益，共同合作，如何避免詐欺與背叛，特別是在全球化下，各國因自由貿易而相互依賴，在利益連結的狀況下，就有賴國際組織（International Institutions）加以協調，將各國的互動加以規範化，可以有所依循。[11]沒有了秩序，就如同回到了叢林世界一般，國際貿易無法進行。不僅如此，當前人類的重大挑戰，沒有一個是單獨國家能解決的，從氣候變遷、跨國犯罪、流行性病毒，以及各式污染，全部都有賴各國利用國際組織通力合作。

體系與秩序是息息相關，而且呈現動態的發展。本書並不是探究哪種體系與秩序最能夠帶來和平或衝突，這在學界已經有很多的

---

[9] Hal Brands (2016). *American Grand Strategy and the Liberal Order: Continuity, Change, and Options for the Future*. Santa Monica, CA: RAND Corporation, p. 2; G. John Ikenberry (2001). *After Victory: Institutions, Strategic Restraint, and the Rebuilding of Order after Major Wars*. NJ: Princeton University Press, pp. 23-45.

[10] John Ikenberry, Michael Mastanduno, and William C. Wohlforth (January 2009). "Introduction: Unipolarity, State Behavior, and Systemic Consequences." *World Politics*, 61, pp. 1-27; John J. Mearsheimer (2019), Ibid., p. 7.

[11] Robert O. Keohane (1984). *After Hegemony: Cooperation and Discord in the World Political Economy*. Princeton, N.J.: Princeton University Press; Stephen D. Krasner (1982). "Structural Causes and Regime Consequences: Regimes as Intervening Variables." *International Organization*, 36(2), pp. 185-205.

討論，各家之言各有切入的主軸與說服力。[12]這裡關注於更有趣的問題，中國在既有的體系與秩序下成長與茁壯，為什麼迫不及待地要改變這兩者？是變動中的體系鼓勵了中國，還是美國無力維持秩序而迫使中國必須建立自己的秩序？或者以上兩者皆是？在回答這個問題之前，必須先界定本書所認定當前的體系是屬於哪一種的，後面的論述方能清晰。一如其他領域的專家學者為真相爭論不休，到底現在是單極還是多極的國際體系，也沒有一個確切的答案。像是Monteiro就主張冷戰結束後，世界體系就屬於單極，而美國是唯一的霸主，其他國家只是大國或是小國，而非強權（Great Power）[13]。而曾經來台灣演講的知名現實主義理論家Mearsheimer則認為，中國與俄羅斯已經是強權，因此世界已經進入多極體系，又因為美國在各方面還是強大很多，所以這是一個不平衡的多極體系（Unbalanced Multipolarity）[14]。

　　鑑於2009年以來，全球金融風暴重創歐美經貿力量，美國不管在國際組織、區域組織，還是維繫其多邊關係上都力有未逮，甚至是無法有效解決敘利亞內戰，因此本書採取Mearsheimer的主張，界定當今國際秩序是不平衡的多極體系。進一步而言，此種體系造成現在世界處於秩序重組，從自由主義走向現實主義秩序。在此之時，美中兩國競逐新的國際秩序，對於歐盟及兩岸關係產生深遠影響。歐盟不僅是區域合作的典範，同時也是美國的緊密盟友，又自1985年來跟中國發展出巨大的貿易關係，美中競逐也造成歐盟左右為難。簡言之，國際與區域秩序的變動，與歐盟內部的變化有關，也跟國際格局有關。

---

[12] Ian Boxill (2014). "From Unipolar To Multipolar The Remaking Of Global Hegemony." *IDEAZ* (Special Issue), 10, pp. 1-7; Robert Gilpin (1981). *War and Change in World Politics*. Cambridge: Cambridge University Press, pp.23-35.

[13] Nuno Monteiro (2014). *Theory of Unipolar Politics*. New York: Cambridge University Press, p. 7; William Wohlforth (1999). "The Stability of a Unipolar World." *International Security*, 24(1), pp. 5-41.

[14] John J. Mearsheimer (2014). *The Tragedy of Great Power Politics* (updated ed.). New York: Norton, p. 44.

　　最後，兩岸受到國際秩序重組的影響，雙方關係不斷惡化，台灣未來雖夾在美中較勁之間，但又與美中有大規模貿易互賴。

　　為了探索這些複雜又互相糾結的現象，理論的運用就顯得必要。理論所代表的不只是一種觀念，更是為理解複雜的國際事件提供一個立體的圖像。畢竟，大部分的國際事件離人們的實際生活太遙遠，如果沒有理論的幫助，往往會被彼此矛盾交織的現象給困惑了。首先，傳統國際關係的三大理論中，現實主義、自由主義與建構主義各自有獨到之處與特殊的解釋力，雖然如此，如果想要截長補短，這裡用點現實，那裡講一點自由與建構主義，就會陷入四不像、什麼都解釋不了的困境。換句話說，沒有最好的理論，只有最適合的。自由主義擅長解釋的是，國家為什麼要合作？合作似乎比衝突好，人類歷史上，並不是只有衝突，也有合作。如何合作更是一門高深的學問。可是，本書的主問題與四個章節，想要解釋的並不是合作，而是為什麼國際秩序被改變，過去自由主義國際秩序突然不靈光了，國家與國家間，似乎從合作走向衝突，特別是國際組織諸如WTO與WHO似乎也越來越無法發揮應有的功能。

　　探究其因，國家間合作的果實，常常無法雨露均霑，更多是「強者越強，贏者全拿」。自由制度主義、新功能主義者想克服的就是這些困境，希望透過制度與理性的設計，來更平均地分配，然而，具有中央政府的國家，都無法處理好國內分配的問題，更遑論無政府狀態的國際社會，能夠以制度解決分配的問題。很明顯地，當國家間從合作走向衝突時，就必須借助現實主義的假設與論點，分析在全球化下，國際間權力結構發生改變之後，既得利益的國家對於「利益」的認知也隨之發生改變。

　　建構主義在歐洲受到相當多人的歡迎，因為他們認為現實主義太膚淺、太容易，自由主義則是太理想或者太過於不切實際。自從Wendt將建構主義發揚光大之後，它的解釋力獲得許多歐陸學子的認同，國際社會互動中建構出的規範與行為，對於可觀察的政治行為提供了更好的解釋，批評結構現實主義和新自由主義是唯物主義的替代品。[15]然而，在本書的主題看來，建構主義更像是本體論，比較屬於哲學層次的思辨，對於既存的困境，似乎回答了一切，似乎也什麼都沒有回答，譬如Wendt的名言：無政府狀態是由國家創造的（Anarchy Is What States Make of It）[16]，對許多人而言，像是丈二金剛摸不著頭腦。

　　若是要解釋國家生存與衝突，現實主義仍然是首選，在眾多流派之中，最富有外交政策、國家行為，當首推新古典現實主義。它之所以新，是因為採用Waltz的新現實主義，強調結構，也就是國際體系對國家外交決策選擇的限制。亦即是，無論是誰來當國家領導人，決策都是根據國際體系壓力的大小，因此做出的決策都大同小異。今日的習近平似乎非常的強勢，無懼於美國的貿易關稅，其實，換成溫和的胡錦濤來執政，新現實主義者認為中國也不會做出讓步的選擇，因為現今體系秩序，對中國失去了壓迫的能力。

　　再者，新古典現實主義之所以是古典，是同意Morgenthau所主張的國家力量與國內因素，在外交決策上起了關鍵性的作用。[17]以2008年全球金融災難為例，民粹主義受到各式政治經濟力量的推波助瀾，許多民眾開始支持主張排外的政客或政黨。然而，美國製造業的衰退，並不是歐巴馬造成的，也不是中國崛起造成的，而是跟全球化發展、新自由主義政策造成的金融與經濟政策有較大的關聯，對於身處第一線感受生活困頓的美國人民，其實並不會理解體系與秩序因素所

[15] Alexander Wendt (1999). *Social Theory of International Politics*. Cambridge University Press; Nicholas G. Onuf (1989). *World of Our Making: Rules and Rule in Social Theory and International Relations*. Columbia: University of South Carolina Press; Emanuel Adler (1997). "Seizing the Middle Ground: Constructivism in World Politics." *European Journal of International Relations*, 3(3), pp. 319-363.

[16] Alexander Wendt (Spring 1992). "Anarchy is what States Make of it: The Social Construction of Power Politics." *International Organization*, 46(2), pp. 391-425.

[17] Hans Morgenthau (1963). *Politics among Nations: The Struggle for Power and Peace* (3rd ed.). New York: Alfred A Knopf, pp. 110-148.

種下的惡果，而只會要求當下的領導人解決問題。

在這種情況下，國家就變成了一個中介變項（Intervening Variable），一方面受到國際體系的壓迫，另一方面，國家在實際的外交、軍事、外交經濟政策的選擇中，在外部與內部之間，扮演一個傳遞的功能。[18]以中國的案例來說明，在冷戰剛結束的時代，世界屬於單極的體系，2001年中國在世界的貿易量為5,000億美元，此時的中國毫無能力挑戰美國。到了2014年，雖然美國還是唯一超級強國，但中國貿易量已達4.3兆美元，成為世界上第一大出口國和第二大進口國。[19]在2001年的時代，中國國內經濟需要國家「韜光養晦」，而到了2014年，內部產能過剩而不滿足於當時國際環境，要求國家「有所作為」，正是帶路倡議出場的背景。

美中各自的改變，正是新古典現實主義強調「國內政治」（Domestic Politics）與「理念」（Idea）所融合發揮的效果，缺一不可。[20]被視為實踐中國夢的帶路倡議計畫，想要打破由美歐所主導的自由主義國際秩序，不再以「歐美價值與規範」來決定資金挹注，而是回到現實主義的秩序，由利益決定，這與深受歐債危機所苦的歐洲國家一拍即合，完全不顧美國的反對。再以體系的變化觀察，相較於在2005年，美國有能力干預歐中關係，不准歐盟解除對中國的武器禁運。當時的小布希政府聯手國會議員，抨擊歐洲盟友不應將尖端武

---

[18] Jeffrey Taliaferro, Steven Lobell, and Norrin Ripsman (2009). "Introduction: neoclassical realism, the state, and foreign policy." in Steven Lobell, Norrin Ripsman, and Jeffrey Taliaferro (eds.), *Neoclassical Realism, the State, and Foreign Policy*. Cambridge University Press.

[19] World Bank data. https://wits.worldbank.org/CountryProfile/en/Country/CHN/Year/2014/Summary (Accessed on 02 September 2019)

[20] Brian Rathbun (2008). "A Rose by Any Other Name: Neoclassical Realism as the Logical and Necessary Extension of Structural Realism." *Security Studies*, 17(2), pp. 294-297.

器技術賣給中國，影響美國安全，打破當時歐中戰略伙伴關係。[21]現在的情況則是怎麼努力，都無法阻止歐洲各國參與一帶一路計畫與AIIB；這個轉折，充分地說明了國際體系對國家行為改變的力量。

現實主義理論假設在一個資源有限的世界與鄰國意圖不確定的狀況下，國際政治因國家間不同的軍事力量與安全考量，會永遠處於紛爭的狀態。從這點來看，新古典現實主義就跟美國哈佛大學教授Robert Putnam聞名遐邇的「雙層賽局」（Two Level Game）概念分道揚鑣。[22]雖然「雙層賽局」同樣強調國際與國內因素，不過假設的出發點完全不同，根本的差異在於永恆的命題：大國之間競爭的本質是什麼？權力是最重要的，還是合作是最好的選擇？國內與國際層次之間的連結是個人還是國家？兩層次孰重孰輕？這些問題都不是雙層賽局所重視的。[23]

新古典現實主義則較為清晰地回答上述問題。得益於結構現實主義，認知到體系與秩序是處於變動的狀態，不同的時期給予不同的壓力；得益於古典現實主義，清楚地界定不同時期國家相對力量的變化，而做出理性的回應。爭取自身安全的極大化，必須由國家領導人做出綜合考量，而非「雙層賽局」所稱的首席談判者。[24]正因如此，新古典現實主義強調國家的政策選擇。換句話說，新古典現實主義強調國家是處於國際與國內兩個層次的連結關係，也可視為兩政治領域的橋梁。將國內變數（Domestic Variable）納入應對國際秩序重組的

---

[21] David Shambaugh (2005). "Lifting the EU Arms Embargo on China: An American Perspective." in Gill, B. and Wacker, G. (eds.), *China's Rise: Diverging U.S.-EU Perceptions and Approaches*. Berlin, SWP, p. 23.

[22] Robert Putnam (1988). "Diplomacy and Domestic Politics: The Logic of Two-Level Games." *International Organization*, 42(3), pp. 427-460.

[23] Michiel Foulon (2015), Ibid., p. 641.

[24] John Odell (2013). "Negotiation and Bargaining." in Walter Carlsnaes, Thomas Risse, and Beth A. Simmons (eds.), *Handbook of International Relations*. London: SAGE Publications Ltd, p. 388.

變局，這對於理解當前美中對抗有深刻的重要性。

　　新古典現實主義在分析國家外交政策的選擇時，以國家與社會之間的複雜關係，各取古典現實主義注重國家內部因素與新現實主義注重國際外部因素的優點。從此角度觀之，國家（State）就成為國內外壓力的中介角色。新古典現實主義對國家的概念是一種由上至下表達，也就是由政治菁英將決策傳遞給民眾並確保政策執行，國際體系壓力能夠驅動國家之對外政策。

　　以美國為例，經濟下滑並不是中國搶走美國人工作或是偷走美國智慧財產權所造成的。就外部而言，全球化下的生產供應鏈之下，美國製造成本、勞動成本、土地與環保成本都高過於開發中國家，是西方的資本家逐利而將工廠遷移到亞洲，而導致國內失業率上升，消費需求不足。不僅如此，現在的中國，採取像十九世紀歐洲列強的重商主義，傾國家之力發展重點產業，這對上民主國家市場機制，重視法治的自由主義，產生了很大的化學變化。對美國而言，國家製造產業大量外移，廣大低薪、低技術的勞工階層逐漸找不到工作，貧富差距懸殊的現象越來越嚴重，在鐵鏽地帶的幾個州特別嚴重。對許多美國人而言，這並不是美國的問題，而是「別人」的問題，才造成「我」的損失，政府必須承接人民對現在的不滿，找一個「別人」來卸責。此外，美國式的資本主義加民主政治有一個致命的缺點，政治經濟菁英會拿走大部分的權力與財富，這種情形在美國前勞工部長Robert B. Reich所著拯救資本主義（Saving Capitalism）有深刻的描述。[25]

　　美國中下階層的經濟困境，加上白人人口出生率下降，川普利用此種情況刺激出白人的焦慮感，再以「美國再次偉大」口號，追求保守主義、愛國主義，喚起多數人對現狀不滿而支持他。川普執政後認為自由主義國際秩序已經不符合美國利益，因為在中國崛起之後，美國已經無法在區域合作或是國際會議中同時兼顧美國利益與多邊秩

---

[25] Robert Reich (2016). *Saving Capitalism: For the Many, Not the Few*. Vintage.

序。現在改採單打獨鬥的雙邊主義單邊政策，美國即享有相對優勢，畢竟美國還是世界第一大經濟體。僅管如此，當大西洋的另一邊早在2009年受歐債危機肆虐之苦，歐盟領導人求助的對象是中國而非美國時，就意味著全球秩序重組的序幕已經揭開，區域秩序也必然受到影響。

三、空間層次變化與秩序的重組

　　國際體系壓力是透過政治菁英的政治計算，對相對力量（Relative Power）的認知以及國內經濟因素，而做出對外交事件的回應。對於相對力量的認知，會使得政府調整國家利益的內涵，亦即是，國家利益的界定並非固定的。隨著中國經濟力量與軍事現代化的發展，跟中國過去的合作符合美國利益，現在則是傷害。以新古典現實主義而言，這即是空間層次上表現出國內到國際之間的分歧。舉例而言，歷任美國總統都有不盡相同的外交政策思維，體現國內政治經濟出現分歧與變化，霸權更能將之反應在當時國際秩序是否還符合國家利益。美中共管台灣或許符合2006年的美國國家利益，但就未必符合2018年時川普政府界定的國家利益。當中國能以帶路倡議與AIIB獲得國際廣泛支持，更引起華府的戰略焦慮，開始以印太戰略與五眼聯盟對中國進行圍堵。

　　空間上的另一個觀察點是，當國際秩序還沒有開始重組之前，美國大多能夠對盟友發號施令，2004年歐盟與中國因為貿易關係與低度戰略目標衝突而形成了戰略伙伴關係，引發美國的關注並積極介入成功。重要因素為2005年美國的經濟相對力量，仍然明顯優於中國。小布希政府是處於一個單極霸權狀態，國際上是方興未艾的反恐戰爭；國內的經濟穩定發展，失業率處於低點。[26]同時中國在胡錦濤主政之

---

[26] Janet Yellen (2005). "The U.S Economy: 2005 in Review and Prospects for 2006." Presentation to the California Chamber of Commerce San Francisco, CA.

下，外交強調和平崛起、和平發展與世界和諧，相對穩定與良好的美中關係，華盛頓當局能夠迫使歐中關係降溫。到了2013年至2015年的國際環境，已經完全與十年前不同，中國的經濟實力大幅增長並拉近了與美國的距離。美國要求歐洲盟友拒絕使用華為公司的5G通訊設備，一直要到中國隱匿Covid 19疫情與通過香港版國家安全法才能成功。核心關鍵就在於，美國的相對實力是否發生變化，國際秩序是否還與十年前相同？在歐巴馬時代，中東地區情勢是美國安全利益的首要考量，到了2018年的國防安全報告出來後，已經是美中強權之間的競爭，更突顯國際秩序的改變。[27]

如同上述所論證，外交政策必須能反應決策者所界定的國家利益，當利益內涵轉變時，外交政策自然會改變。歐巴馬時代，華府從反對、杯葛AIIB，到後來之接受，而2016年川普上任後，再一次地轉變成美中對抗，正好闡明美國外交決策受外部因素影響而改變。隨之影響對美國國家利益內涵的界定，影響所及，不僅美國對中國的政策改變，連帶亞太地區再平衡戰略也一併調整[28]，迅速提出印太戰略，排除既有涵蓋中國的亞太秩序，納入與中國有地緣矛盾的印度。這種轉折，當然是來自於美中之間的競爭壓力（Competitive Pressure），會迫使決策者做出與原本全然相反的決策，以符合新的國家利益。

新古典現實主義認為國家的外交政策最主要是由國家相對的物質力量所驅動，成敗更是取決於當下的物質相對實力。因而外交政策的實質影響力既間接又複雜，國際體系的不穩定會導致國內社會共識的分裂，更會使得外交政策進退失據。[29]舉例而言，從小布希執政到川

---

[27] Robert Kaplan (September 2013). "John Kerry's Middle East Obsession." Forbes.

[28] Michael Green, Zack Cooper, and David Berteau (2014). "Assessing the Asia-Pacific Rebalance." *CSIS, Center for Strategic and International Studies*, p. 7.

[29] Mark Brawley (2009). *Political Economy and Grand Strategy: A Neoclassical Realist View*. Routledge, pp. 1-14.

普上台，短短十六年之間，國際權力分配已經截然不同，暴露出自由主義國際秩序的缺陷。

如同前述該秩序的先決條件是單極體系而且霸權必須是民主國家，必須有足夠的力量維持國際機構按照自由主義的方式運作。全球金融危機發生時，IMF與World Bank迅速對貿易秩序締造者的美國與歐盟伸出援手，被各界拿來與1997年亞洲金融風暴相提並論，被批評是雙重標準，對亞洲國家嚴苛而獨厚歐美國家。影響所及，WTO的貿易爭端解決機制都出現僵局，慢慢顯露出美國失去維護全球經貿秩序的意願。龐大的國債負擔，越來越多保護主義的聲音出現，認爲《跨大西洋貿易投資夥伴協議》（Transatlantic Trade and Investment Partnership, TTIP）與《跨太平洋伙伴關係協議》（Trans-Pacific Partnership Agreement, TPP）不利於美國的經濟。TTIP若能簽訂，美國加歐盟的GDP占世界的一半，TPP則有12個參與國，占全球GDP的40%，雖然規模龐大驚人，但是這些貿易協定意味著各國都必須取消貿易保護，進而會侵蝕美國的經濟，也解決不了美國的就業。可見當原本自由主義秩序不再符合美國利益，川普一上任就將之拋在一旁，改採單邊主義，利用美國世界第一大經濟體的力量，迫使對手妥協。

從數字來看，2018年美國對中國出口總額近1,800億美元，而美國進口金額約爲5,580億美元，導致與中國的貿易逆差達到3,780億美元。嚴重赤字的事實，是川普在競選總統時就不斷抨擊的議題。而根據他行事的風格，目的在於使人留下深刻的印象，特色乃是說到做到，展現他與歷任總統的不同。不僅如此，也由於他的出身背景與華府利益遊說團體的關聯性不高，導致他可以不顧一切地進行關稅談判，打破原本的利益結構，把中國擅長運用的遊說團體晾在一旁，非常容易使得草根性強的民眾認爲回擊中國是正確的。

再以2018年達成的《美國—墨西哥—加拿大協議》（USMCA）的例證觀察，川普政府先退出《北美自由貿易協定》，再迅速跟墨西哥達成新協定，回頭迫使加拿大同意。然而此種讓「美國再次偉大」的策略，形同放棄歐美幾十年來苦心建立的自由貿易多邊主義，國際秩序也從此改頭換面。另一方面，美中貿易戰希望建立新的對於企業補貼與智慧財產權的全球貿易標準，並迫使中國必須遵守，其實這是早從歐巴馬時代開始推動TPP就在努力的方向。[30]

然而，要讓中國行為更符合自由主義的規範不但達不到，連由歐美所創建的國際機構，像是北大西洋公約組織（NATO）、聯合國、世界貿易組織、國際貨幣基金與世界銀行等等，提供了國際合作的規範與平台，也在2009年金融危機之後，逐漸地失去了功能，離自由主義規範越來越遠。聯合國長期以來就功能不彰而不受到重視，世界銀行深受AIIB挑戰[31]。歐巴馬從2008年上任喊出的維持美國「轉向亞洲」（pivot to Asia）的地位，以經濟、政治與軍事部署來達成上述戰略目標。然而現實卻是只能更名為「再平衡」（rebalancing）[32]，儘管內涵一致，但是卻也暗示了其在亞洲影響力的下滑。美國的盟友，都希望美國擔起區域秩序安全，[33]但是更需要跟中國發展貿易關係。一方面，他們樂見美國的再平衡戰略可以節制中國的政治意圖，另一方面他們更希望能在美中鷸蚌相爭之間有利可圖。從東協10國全數加入AIIB、成為創始會員國的事實來看，帶路倡議突破美國的再平衡戰略是相當成功。儘管仍然可以視為東協國家的兩手平衡策略，經濟依賴中國，安全依賴美國節制中國，在短期內這仍然是東協最高戰略原則，顯現出現實主義國際秩序在亞洲仍居於主導地位。

不過從美元在國際貨幣地位來看，相較於美國在國際安全事務影響力的下滑，美元仍然是居於最主導的領袖地位，甚至在過去十年的

---

[30] Geoff Dyer (1 April 2013). "China left out of Obama free trade party." Financial Times.

[31] Xenia Wickett (28 August 2015). "Exploring the Transatlantic Rift." Chatham House.

[32] Philippe Le Corre (17 March 2015). "Dividing the West: China's new investment bank and America's diplomatic failure." Brookings.

[33] Michael Green, Zack Cooper, and David Berteau (2014), Ibid., p. 1.

危機中，反而實際上增強美元作爲國際體系中主要貨幣和美國金融實力的中心地位。[34]中國的確基於爲了增強其國際貿易影響力的目的，而努力地將人民幣國際化，並於2015年將人民幣納入了IMF特別提款權，並同意讓人民幣達到「廣泛使用」和「可自由使用」的標準，並進一步降低了資本管制。[35]但是基於避免重蹈日圓升值的覆轍，人民幣國際化的腳步既緩慢且謹愼，即便AIIB的成功，也無法威脅、挑戰，遑論威脅美金的地位。因此，這就形成非常有趣的現象，在安全事務與國際貨幣的全球秩序上，中國對美國的挑戰呈現出非常不同的畫面。

　　有別於其他的國際組織與區域貿易協定，二十國集團（Group of Twenty, G20）是一個國際經濟合作論壇，原本是以更鬆散的方式維繫國際金融與經濟秩序，慢慢地因各國領袖的參與而成爲維持多邊國際秩序的一環，也帶有自由主義的精神。然而，自從川普將北京視爲競爭者之後，G20的峰會，就成爲美中爭鋒的場域，不管是2018年還是2019年的G20，雖然都勉強達成協議，但也都因各自的內部因素，協議都無法完成。從川普出席美中貿易會談的成員名單觀察，白宮首席經濟顧問庫德洛（Larry Kudlow）、國家安全顧問波頓（John Bolton）、國務卿龐皮歐（Mike Pompeo）、財政部長梅努欽（Steven Mnuchin）、商務部長羅斯（Wilbur Ross）以及貿易代表萊特海澤（Robert Lighthizer），皆是主張對中國採取制裁政策，強力要求解決美中貿易之間失衡的現象，特別是市場進入與強制要求技術轉讓，都認爲應該刻不容緩地加以修正。持平而論，美國貿易赤字的原因是

---

[34]　Carla Norrlof, Paul Poast, Benjamin Cohen, Sabreena Croteau, Aashna Khanna, Daniel McDowell, Hongying Wang, and W Kindred Winecoff (May 2020). "Global Monetary Order and the Liberal Order Debate." *International Studies Perspectives*, 21(2), pp. 109-153.

[35]　Hongying Wang (2015). "Much Ado about Nothing? The RMB's Inclusion in the SDR Basket." CIGI Paper, no. 84. Waterloo, on: Centre for International Governance Innovation.

自身經濟結構所造成的，再一次地說明美國將內部經濟壓力轉嫁到中國而成為國際事件，最終影響了國際經貿秩序。

不僅如此，美國國務卿龐皮歐在2020年7月23日於尼克森總統圖書館發表的演說，徹底改變美國過去五十年對中政策。除了呼籲所有民主自由國家聯手對抗中共的新暴政，更是宣告美中進入了非常敵對的關係。[36]美國的行政團隊視中國為敵人或有政治考量，但是連國際關係學界也把中國視為威脅，就有更多學理的觀察與分析，作為政治人物判斷的依據。許多知名國際知名學者，包括福山、戴雅門（Larry Diamond）、葛來儀（Bonnie Glaser）、黎安友（Andrew Nathan）、沈大偉（David Shambaugh）、裴敏欣（Minxin Pei）等人，早於2018年11月29日於史丹福大學胡佛研究所聯名發表《中國影響力與美國利益：提高建設性警惕》，長篇分析論證「中國大舉滲透美國，獲取政治經濟利益」。[37]顯現出政府與學界都認為中國正在挑戰美國的地位，若不採取行動，美國將很快地被中國超越。

Diamond主編的這份文件，若拿來跟陳水扁政府時代，美國知名中國通的態度進行比較，可以看出其中的轉變。扁政府上台的前一年，Gill主張美國的大陸政策應該是一種混合交往和圍堵的有限的交往（Limited Engagement）。[38]翌年（2000年），Shambaugh認為大陸是美國的戰略競爭者（Strategic Competitor）。[39]再以政治人物的觀點而言，前美國副國務卿佐立克（Robert Zoellick）在2005年

[36] Michael Pompeo (23 July 2020). Speech: Communist China and the Free World's Future, U.S. Department of State. https://www.state.gov/communist-china-and-the-free-worlds-future/

[37] Larry Diamond (ed.) (2018). *Chinese Influence & American Interests: Promoting Constructive Vigilance*. CA: Hoover Institution, p. 21.

[38] Bates Gill (1999). "Limited Engagement: The Need to Improve United States Relations with China." *Foreign Affair*, 78(4), pp. 65-76.

[39] David Shambaugh (2000). "Sino-American Strategic Relations: From Partners to Competitors." *Survival*, 42(1), pp. 97-115.

表達美國應該需促使中國變成一個負責任的利害關係者（responsible stakeholder）。[40]比較兩個時期美國各界對中國的認知，從認為中國可以融入美國主導的國際秩序，大幅轉變成中國將建立自己的秩序。簡言之，與其說美國各界誤判了中國，誤以為中國會開放包容，不如說是國內政治需求（包含川普連任與習近平的香港壓力）結合國際局勢（疫情影響）導致國際秩序進一步失序。

美中關係的惡化也源自於體系變化，美國在亞洲的主導地位受到中國挑戰則是不爭的事實。東北亞與東南亞國家大都接受於當前安全與經濟雙階層的領導，[41]一方面接受美國所提供的安全防禦並維持區域秩序[42]，另一方迎合大陸已經是區域經濟領導者的角色。過去各國樂見美國的再平衡戰略，可以節制中國的以經濟圍政治之意圖，而衍生的實際情勢，美中之間在國際經濟舞台的較量，美國會拉著過去的盟友，像是歐盟、英、澳、紐與日本等，[43]這些國家不全然只迎合美國，更重要的是扮演平衡美中競合的角色。另一方面，應對中國崛起後局勢的改變，川普團隊的戰略，就是以改變遊戲規則遏止中國改變國際秩序的速度，除了美中貿易戰，也利用五眼聯盟、印太戰略、科技交流限制等等，加強對中國在政治、經濟與軍事領域施壓，具體在南海公海的自由航行權的巡弋。鑑於北韓的不確定性，也延續在南韓部署「終端高空區域防禦」系統（Terminal High Altitude Area Defense, THAAD，簡稱「薩德」）部署計畫。[44]綜觀上述政策作為，

---

[40] Thomas Christensen (2005). "Will China Become a 'Responsible Stakeholder'? The Six Party Talks, Taiwan Arms Sales, and Sino-Japanese Relations." *China Leadership Monitor*, 16, pp. 1-11.

[41] John Ikenberry (2016). "Between the Eagle and the Dragon: America, China, and Middle State Strategies in East Asia." *Political Science Quarterly*, 131(1), pp. 2-20.

[42] Michael Green, Zack Cooper, and David Berteau (2014), pp. 1-3.

[43] George Parker, Anne-Sylvaine Chassany, and Geoff Dyer (16 March 2015). "Europeans defy US to join China-led development bank." Financial Times.

[44] Scott Sagan (November/December 201 7). "The Korean Missile Crisis Why

除了是美中空間上的分歧，更有認知上的分歧，過去中國的政治體制可以接受，現在則是頭號威脅，即是下節論述核心。

四、認知層次變化與秩序的重組

如導論闡明認知層次的變化是指物質分歧（貧富差距）導致理念（身分認同）發生的分歧，也就是國家體認到對手物質力量的變化，會改變想法並採取行動，將對手描繪為意識形態上的敵人，雙方進入理念衝突之後會各自尋求盟友，進而導致全球秩序的重組。美國著名的現實主義學者Schweller在1998年的文章裡，就形容中國是崛起且不滿足的大國，很快地就會採取行動挑戰現狀，他認為對美國全球霸主的真正威脅不是日本和德國，而是中國和俄羅斯。[45]原因很大程度是在於美日德政治體制與中俄截然不同，後者更展現了挑戰美國霸權的政治意願與意圖。

以美國政黨而言，共和黨長期以來對中國共產黨的認知較為謹慎，小布希主政時期而共和黨人所掌握的參眾兩院，在外交和國防問題上採取強硬態度，與小布希的反恐政策相互呼應，認為美國與中國是戰略競爭關係而不是戰略夥伴關係。然而，「認知」不是一個一成不變的概念，而是隨著「物質」關係轉變導致「理念」內容發生變化。接續小布希政府上台的民主黨歐巴馬政府，參眾兩院的多數黨也都還是共和黨，因此國會與華盛頓的關係必然緊張，經常反對歐巴馬政府的政策為主軸。不僅如此，歐巴馬的民調並不出色，在關於經濟與外交政策方面的民調支持度大約在40%至45%之間搖擺。國內的民意支持度不足，國會在反對黨手裡，歐巴馬政府在質疑帶路倡議與反對AIIB之議題上，因為當時美國民眾與政治人物普遍尚未認知到

Deterrence is Still the Best Option." Foreign Affairs, p. 79.

[45] Randall Schweller (1998) *Deadly Imbalances: Tripolarity and Hitler's Strategy of World Conquest.* New York: Columbia University Press, pp. 200-201.

這是屬於中國式國際制度的建立，並不支持歐巴馬反對帶路倡議與AIIB，杯葛歐洲盟友參與中國國際建制的努力以失敗告終。

反觀當時中國政府努力地遊說稱太平洋夠大、容得下美中兩國發展，2015年9月下旬中國國家主席習近平訪美，歐巴馬總統在歡迎會上說美國歡迎中國的成長能貢獻於亞洲乃至於全世界的金融發展與基礎建設。而習近平也當面保證AIIB會遵守國際環境和治理的最高標準。[46]然而僅以這樣的政治語言難以證明中美關係的實質內涵，因此必須再以國家內部的層次思考，而事實上，執政黨對於政權維繫的重要性更勝於對於外部威脅的回應。[47]以此而言，不論小布希政府或是歐巴馬政府，都已經是在連任的狀態，因此美國國內民眾對中國崛起是威脅還是機會的認知，成為國會對於白宮對中國政策的重要因素。

正因為美國民眾尚無感於中國的威脅，柯林頓政府時代的財政部長薩默斯（Lawrence Summers）發出的警告就別具意義，他認為AIIB的設立會被記錄為美國失去其全球經濟體系設計者角色的轉捩期。他也批評國會必須為了國內現實政治束手無策負責，使得美國政府持續地失能。[48]美國政府官員也承認，美國國內的經濟現實也限制了美國去防衛全世界的能力，但同時在現實上，也不能放棄試圖抵制中國日益增長的經濟影響力。[49]然而，戰略的提出與政策的效果未必能夠畫上等號，中國或美國皆然，但彼此「認知」與「物質力量」的變化，正是雙方共同想要改變自由主義國際秩序的主因。

---

[46] Ankit Panda (28 September 2015). "Have the US and China Come to an Understanding on the AIIB?" The Diplomat.

[47] Mohammed Ayoob (March 1989). "The Third World in the System of States: Acute Schizophrenia or Growing Pains?" *International Studies Quarterly*, 33(1), pp. 67-79.

[48] Nicole Gaouette and Andrew Mayeda (8 April 2015). "U.S. Failure to Stop China Bank Unmasks World Finance Fight." Bloomberg Business.

[49] Lawrence Summers (6 April 2015). "Time US leadership woke up to new economic era." Financial Times.

　　大國間競爭是如此，區域整合亦復如此，不同的國際體系對區域研究有極其重要的影響，雙極狀態區域相對容易因威脅而合作，單極則因威脅消失而容易產生內部利益衝突。[50]在此概念之下，冷戰結束後歐洲區域內部高度的經濟整合，將會帶來「物質」力量發展巨大的差異，從而導致「理念」的認同或是分歧，結果就是對「區域身分認同」的改變，影響了既有區域合作的秩序。Covid 19疫情爆發之前，歐盟早有南北歐與東西歐的分歧，之後的復原基金儘管最後談判達成協議，但從一開始就分裂為節儉派（Frugal group）與付款派（Payer group），[51]在在顯示出區域秩序正在改變中。

　　若比較歐盟2005年與2020年兩時期，最大的差異是各國對歐洲整合的認知出現巨大的變化。2005年是處於一個三強鼎立（英、德、法，Big Three）的相對團結歐盟，美國容易直接施以壓力說服歐盟採取與美國一致的外交政策；後者則是處在一個後歐債危機而英國淡出歐盟核心，而法國因經濟力量嚴重下滑而缺乏與德國抗衡的能力。根據德國聯邦統計局統計[52]，2014年德國對中國的出口額達到745億歐元（是歐盟對中國出口總額的將近一半）。同時，中國更是德國出口貿易的第二大市場（除了歐盟以外），預計將很快超過美國，成為德國最大的出口國。

　　此認知的轉變將造成，第一，英國退出後，由德法兩國主導的歐

---

[50] Leonard Binder (1958). "The Middle East as a Subordinate International System." *World Politics*, 10(3), pp. 408-429; Steven Lobell (2009). "Threat Assessment, the state, and foreign policy: A neoclassical realist model." in Steven E. Lobell, Norrin M. Ripsman, and Jeffrey W. Taliaferro, *Neoclassical Realism, the State, and Foreign Policy*. Cambridge University Press, p. 49.

[51] BBC (21 July 2020). Coronavirus: EU leaders reach recovery deal after marathon summit. https://www.bbc.com/news/world-europe-53481542

[52] https://www.destatis.de/EN/FactsFigures/CountriesRegions/InternationalStatistics/Topic/Tables/BasicData_Area.html

盟會更重視與中國的政治經濟關係，[53]這也是為什麼德國一再拒絕配合美國的中國政策；第二，法等歐盟大國會競相仿效德國，積極發展與中國的貿易關係。在Covid 19疫情爆發之前，英國冒著危及與美國最特殊的國與國關係，不顧美國勸阻而且成為第一個加入AIIB的歐盟國家。2015年10月習近平前往英國進行國事訪問時，[54]北京做出承諾，表示其在2025年前，會投資超過1,000億英鎊在英國進行能源、房地產和運輸等基礎設施建設。

　　有了英國率先行動，一週內德國、法國與義大利也都同意加入此一籌資500億美元之投資銀行，共同參與這個被美國認為是對抗華盛頓主導的世界銀行，[55]其實就是物質力量改變了秩序，歐洲國家樂於接受中國式的秩序而獲得利益，因為他們不屬於被挑戰的一方，直到北京通過香港版的國家安全法後，才開始對中國產生警覺。對中國而言，在不斷的經濟成長，想突破舊有美國所主導的金融和經濟機構，而創造一個符合中國利益與增進自己全球影響力的國際銀行，是再自然也不過的發展。美中之間在國際經濟舞台的較量，歐盟也會越來越難置身事外，除了努力地克服區域內難民的問題、內生恐怖主義與英國脫歐的效應，[56]還要不斷應付美國的選邊站要求。

　　2019年的歐盟是處於一個認知變化、四分五裂的年代，特徵是各國民粹勢力激增，反整合與反難民瀰漫於歐洲整合之中，敘利亞剛剛結束的內戰並沒有和緩緊張的局勢，相較於2005年時幾乎可以跟美

---

[53] Hans Kundnani and Jonas Parello-Plesner (2012). *China and Germany: Why the Emerging Special Relationship Matters for Europe*. Policy Brief, ECFR/55 May 2012.The European Council on Foreign Relations.

[54] 曾偉（2015年10月25日）。〈習近平訪英綜述：中國「大外交」的成功新實踐〉。人民網。http://politics.people.com.cn/n/2015/1025/c1001-27736951.html

[55] Arthur Kroeber (2016). *China's Economy: What Everyone Needs to Know*. Oxford University Press, p. 246.

[56] George Parker, Anne-Sylvaine Chassany, and Geoff Dyer (16 March 2015). "Europeans defy US to join China-led development bank." Financial Times.

元相提並論的歐元，經濟欣欣向榮的團結歐盟，現在歐洲國家之間
各自爲政的現象更爲明顯，更有利於中國分而治之歐盟。當然，經
濟議題是所有國家最嚴峻的挑戰，與資金豐沛但是帶有得罪美國風險
的中國合作，是大部分歐洲國家的困擾，再一次驗證物質力量的變
化，會帶動理念的變化，原本由歐盟追求的價值秩序與規範性力量
（Normative Power），也變得困難重重。

尤有甚者，各會員國經濟結構與力量差異所導致的物質分歧，同
時也造成歐盟難以有一個一致的對外政策，相較於其一致的對外貿
易政策，歐盟易於予人有「經濟巨人、政治侏儒」的印象。隨著中國
經濟貿易力量不斷增長，北京已經有能力在貿易議題上，操縱大國間
與跨國公司之間的競合關係，像是引進日本與美國的跨國企業進入中
國市場與歐洲公司競爭，作爲胡蘿蔔與棍棒的政策工具。當任何一歐
盟會員國對中國採取強硬的人權外交政策，北京則會給予該國經濟對
手優惠政策以進入中國內需市場。歐盟此種結構性區域國際組織的困
境，雖然想要以全球的規範性力量來突破區域角色的限制，[57]展現後
物質的力量傳遞到理念的力量，呈現出來的卻是歐洲身分認同的分
歧。爲了進一步了解此種分歧，必須再以時間軸的方式看待變化。

五、時間層次的變化與秩序的重組

進入時間的層次，更具體地說明，即是從物質到理念的分歧，會
有時間上的變化，也就是認知的分歧是由時間來發酵，「過去」的
物質條件、「現在」的理念與「未來」的身分認同，都是因此而處於
一個變動的狀態，正如新古典現實主義所主張的，國家會在地緣政治
背景下，將國內壓力通過國家權力轉化爲外交政策。[58]「現在」的川

---

[57] Ian Manners (2002). "Normative Power Europe: A Contradiction in Terms?" *Journal of Common Market Studies*, 40(2), pp. 235-258.

[58] Michiel Foulon (2015), p. 639.

普爲求2020年連任，運用國家機器——國務院、聯邦調查局與司法部一系列公開演說，抨擊中國在南海、Covid 19與香港的作爲，將中國描繪爲民主聯盟國家在意識形態上的對手。政治學的名言「外交是內政的延伸」一語說明國家決策中，儘管受到體系與秩序因素影響，因「時間」背景因素不同而對國家利益認知改變，是從「空間」走向「認知」層次的關鍵因素。舉例而言，韓戰的爆發並不是由美國決定的，而美國決定參戰很重要的因素是美國內部認知共產主義的擴張對美國利益的傷害，但因時間的變化，對共產主義是否屬於威脅，都會有新的理解。換句話說，共產主義不是美國決定國家戰略主因，利益才是。

　　再以古巴飛彈危機爲例，蘇聯已經將飛彈布署到古巴，無論美國總統是誰，國內局勢爲何，根據美國國家安全委員會的解釋，國際重要性是遠大於國內政治考量。[59]但是甘迺迪受到政黨與軍方的掣肘也是不爭的事實。然而從時間軸觀察，若將1946年邱吉爾的「鐵幕」演說視爲冷戰開始，到1949年的北約成立，乃至於1955年的《華沙公約》簽約，蘇聯在古巴飛彈部署的時間點正是冷戰高峰的一個時間軌道。據此，可以進一步運用時間層次理解全球秩序轉變。2001年所發生的九一一恐怖攻擊，小布希回應國內的政治壓力，傾國家之力專注於全球反恐戰爭，正需要拉攏崛起的中國，小布希政府不惜將中國打擊目標「東土耳其伊斯蘭運動」（East Turkistan Islamic Movement, ETIM）在2002年8月標名爲恐怖團體組織，尤有甚者，同年9月允許中國審問被關在關塔那摩監獄的維吾爾人。[60]可是到了2005年時，美國的態度就有了很大的轉變，當時的副國務卿佐立克公開呼籲中美兩國能夠一起全球性的打擊恐怖主義，要求中國擔任一個負責任的利益

---

[59] Norrin Ripsman, Jeffrey Taliaferro, and Steven Lobell (2016). *Neoclassical Realist Theory of International Politics*. Oxford University Press, p. 3.

[60] Shirley Kan (15 July 2010). *U.S.-China Counterterrorism Cooperation: Issues for U.S. Policy*, Summary. Congressional Research Service.

共享者（Responsible Stakeholder）。[61]再過二年，美國官員說美軍在阿富汗的部隊受到伊朗及其支持的武裝部隊威脅，而武器的來源是中國。[62]

　　由此可見，美中關係的變化是非常迅速的，從發動全球反恐戰爭，拉攏中國協助，到認為中國不是真正地在協助美國進行反恐事業，又即刻改變美中戰略，並且出手干預歐盟與中國的關係，讓中國徹底明白歐盟與其發展的戰略伙伴關係，是不能傷害到美國的霸權。「過去」美國有能力影響歐盟與中國的關係，但是「現在」則力有未逮。換句話說，美國霸權實力隨全球化發展有很大的不同，而失去蘇聯這個對手，更使得許多國家認為美國的保護是不必要的，聽命於美國更是不智。這些轉變，從新古典現實主義的觀點來看，第一，過去的威脅與今日的威脅是不同的；第二，即是領導者感知到國內政治支持度不足，企圖以物質力量改變中國，並且以價值的衝突為道德正當性，抨擊中國的種種行為，諸如新疆人權教育營、南海建礁、偷竊智慧財產權。事實上，這些作為都是事實，只是這些作為並不是這幾年才有的現象，為什麼過去都若有似無的批評，現今才大張旗鼓的控訴中國？當然是因為「現在」感受到國際上中國影響力威脅到美國，國內反中可以獲得選票，貧富差距極大的美國社會容易因冷戰經驗而接受共產國家非我族類的論述。

　　從許多學者像是Thomas Christensen、Aaron Friedberg、Randall Schweller、Jack Snyder、William Wohlforth以及Fareed Zakaria的研究都顯示，國家對於外環境評估與採取變革主要是因為特定的國內政治結構與情勢導致而成。[63]當國家感受到國際壓力給予的威脅，它的回

---

[61] Robert Zoellick (21 September 2005). National Committee Gala Keynote Speech, New York City.

[62] Shirley A. Kan (January 2015). *China and Proliferation of Weapons of Mass Destruction and Missiles*, CRS Report RL31555, Policy Issues.

[63] Randall L. Schweller (2004). "Unanswered Threats: A Neoclassical Realist Theory

應必然也受到體系與國內的限制，根據國家所有選項（物質力量）做出決策。[64]據此，美國是如何認知到中國可能對美國的威脅？或許具體數字陳述中國崛起的事實可以反應美國因中國與時俱進而產生的認知改變。以Mearsheimer所建立的指標來看，[65]中國由於疆域的寬廣和地理的大跨度，幾乎囊括了所有地形，為中國提供了豐厚的自然資源。中國內巨大的產能與相對穩定的政治環境，加上全球第一名的製造業，產出超過2兆美元，超越美國的1.87兆，是產出1兆美元日本的兩倍。[66]在軍事支出上，連續二十年的國防預算成長，2018年的軍事預算達1,700億美元，是全球第二大軍費支出國，從表1-1可以看出，其預算為近日本的四倍，台灣的十四倍。[67]再以人口來看，根據聯合國的人口報告，2019年中國人口達14.3億，是世界第一名，[68]有16.9%的人從事製造業，亦即，中國的製造業人口也是世界第一。最後，再以貿易量和貿易夥伴觀之，中國也是世界第一，貿易總額已躍升至4兆美元，占全球貿易額的12.4%，美國緊跟在後，占貿易總額的11.9%，再來才是德國，占7.9%。[69]尤有甚者，從2012年開始，中國

of Underbalancing." *International Security*, 29(2), pp. 159-201.

[64] Mark R. Brawley (2009), p. 2

[65] John Mearsheimer (2001). *The Tragedy of Great Power Politics*. New York: W. W. Norton & Company Ltd, pp. 55-137.

[66] Darrell West and Christian Lansang (10 July 2018). "Global manufacturing scorecard: How the US compares to 18 other nations." Brookings.

[67] Office of The Secretary of Defense (2019). *Annual Report to Congress: Military and Security Developments Involving the People's Republic of China 2019*.

[68] United Nations (2019). *World Population Prospects 2019*. Department of Economic and Social Affairs Population Division.

[69] China Power (2020). "Is China the world's top trader?" the China Power Project, the Center for Strategic and International Studies. https://chinapower.csis.org/trade-partner/

表1-1　2018年官方國防預算比較表

官方預算	金額：單位十億（美元）
美國	639.1
中國	170.4
印度	60.8
日本	47.4
俄國	43.8
南韓	36.6
台灣	10.6

資料來源：Office of the Secretary of Defense

成為124個國家的最大貿易夥伴，美國則是76國，[70]這就可以理解為什麼帶路倡議沿線國家是如此歡迎中國資金的到來，因為他們也等不到其他國家的資金，而中國為他們提供的基礎建設，更是開發中或未開發國家發展工業的第一步，只不過會不會陷入中國的債務陷阱，並不在這些國家當下的考量。[71]

　　不僅如此，帶路倡議企圖改變「過去」接受已開發國家援助必須符合西方的價值與規則，取而代之的是「現在」以中國為中心所打造的絲綢之路，不再有西方的規範性限制。這個堪稱中國1949年建國以來最大的對外擴張戰略，是中國國家主席習近平在2012年上任、

---

[70] RT News (11 February 2013). China overtakes US as world's largest trading country.

[71] Dylan Gerstel(2018). "It's a (Debt) Trap! Managing China-IMF Cooperation Across the Belt and Road." *New Perspectives in Foreign Policy*, 16, pp. 12-16.

隔年的中共十八屆三中全會提出，把「絲綢之路經濟帶」與「海上絲綢之路」定名為「一帶一路」，並升級為國家戰略。在北京的戰略構想中，創造新的經濟「帶」，以建設一帶區域內國家的基礎設施，以聯結西歐亞大陸，同時再以海上「路」，期望中國經濟力量連接東南亞、南亞、中東和非洲。其中項目包括鐵路連接緬甸與寮國，一個穿越蒙古和哈薩克，通過土庫曼斯坦的石油和天然氣管道。此外，斯里蘭卡的交通與港口發展也是重中之重，而46萬億美元的「中國—巴基斯坦經濟走廊」更是受到廣泛矚目，包括公路、輸油管、燃煤發電廠，和委由大陸經營的瓜達爾港口。

　　這兩條陸上、海上絲路所代表全球秩序重組的意義，就是二十一世紀中國在第三世界的主導地位，在此範圍內，占世界GDP的55%，全球人口的70%，以及已知能量的75%儲量。[72]看起來是有無限可能，實際上充滿各式的挑戰與挫敗，肇因於大部分計畫大多是新瓶裝舊酒，大幅依賴國營企業作為主要的投資，未來是否能具有營收能力成為關鍵，否則將會造成重大的虧損，反而拖累中國經濟。歐洲智庫就質疑中國當前內部有巨額的地方銀行呆帳，連續幾年的經濟放緩挑戰，是否能夠真正落實帶路倡議的許多構想，還有部分國家反華聲浪，帶路倡議的成效還有賴時間驗證。[73]

　　帶路倡議是中國建立中國特色全球秩序的戰略作為，其中重要的工具即是成立AIIB，目的在於運用中國巨幅的經濟量體，突破舊有美國所主導的國際金融和經濟機構，創造一個符合中國利益與增進自己全球影響力的國際銀行。北京設想藉由有意願參與的國家共同參與帶路倡議或是其他的亞洲國家援助計畫，不僅可以降低自身風險，藉由利益分享其他國，更可以突顯出帶路倡議的國際性與中國國際話語

[72] Nicola Casarini (2015). "The $300 billion highway linking Sichuan to Lodz." *World Today*, 71(5), p. 14.

[73] Angela Stanzel (13 May 2015). "China's silk road to nowhere?" *European Council on Foreign Relations*.

權。AIIB成立後，很快就受到各國的認同並紛紛加入，展現出大陸執行「有所作為」的實力。AIIB在一年半的時間中，即招募了57個創始會員國。[74]中國與這些參與國家，都希望藉由帶路倡議與AIIB共同實踐就業與經濟的雙重增長。面對北京積極的有所作為，歐巴馬政府時代無力阻攔但是已經開始提高警覺心，[75]而等到川普政府時代開始以意識形態、間諜活動、經濟、自由以及軍力不斷擴張為理由對中國發動全面的攻擊。如果以川普競選連任需求為理由說明美方的改弦易轍，卻也不能忽視的是，不論是川普連任還是民主黨候選人拜登（Joe Biden）當選，美中對抗的局面短期內是不會結束。

如果再以安全戰略觀察時間層次上秩序的變化會發現，美國兩任總統相繼以亞洲再平衡與印太戰略企圖將中國對外軍事投射能力限制於太平洋之內。[76]根據美國國防部的《國防戰略報告》所指出，目前美國最大的威脅並不是恐怖主義，而是來自國家間的戰略競爭（Inter-state strategic competition），換句話說，新一輪的大國競賽雖然已經開始，主要對手乃是中國與俄羅斯，[77]但是跟習近平上任後的作為被視為威脅具有絕對的關係。表1-1很清楚地表明，雖然中國的國防預算還差美國很多，但是已經接近印度、日本、俄羅斯與南韓的總和。美國在川普時代將中國視為頭號的威脅，而不是歐巴馬時代，說明理論上運用時間層次分析全球秩序改變的重要性。

---

[74] Darius Nassiry, Smita Nakhooda (April 2016). *The AIIB and investment in action on climate change*. Overseas Development Institute, p. 433.

[75] Shawn Donnan (27 September 2015). "White House declares truce with China over AIIB." Financial Times.

[76] Ashley Townshend, Brendan Thomas-None, and Matilda Steward (August 2019). *Averting Crisis: American Strategy, Military Spending and Collective Defence in The Indo-Pacific*. Published by the United States Studies Centre, The University of Sydney, Australia.

[77] Mara Karlin (January 2018). "How to Read the 2018 National Defense Strategy, Brookings Institution." Brookings.

六、小結

　　2020年可能源自中國武漢的Covid 19肆虐全球，同年6月中國通過香港國安法，這兩事件標誌著二十一世紀可能的戰略轉捩點，清楚地彰顯出美歐國家對於中國崛起的警覺但是又無力主導全球政經秩序，使得國際市場受到嚴重不確定性的影響，從而自由主義國際秩序無以為繼。儘管中國綜合國力還是不如美國，但是由帶路倡議和AIIB可以看到中國所具備的全球生產優勢，隨之而來的是過去的韜光養晦已不復見，轉為積極的有所作為。[78]

　　本章從空間上、認知上與時間上三個層次分析的是美國與中國在兩個時期所處的國際體系，次級國際體系與國內政治經濟條件皆不同。必須指出的是，當前美中之間的關係乃是更為複雜的競爭與合作，不能忽視美中之間的經貿互賴關係尚未發生逆轉的現象，雙方並非線性的對抗關係。除了彼此競爭尚未成形的新全球秩序，美國還是需要中國購買它的國債與農產品，而中國也需要美國購買中國的消費性產品。[79]

　　再者，主導區域秩序的歐盟雖然不是一個國家，但仍然在全球事務上具有極大的影響力，也避免在美中衝突尚未白熱化時，過度地站在美國這邊。歐洲領導人或許希望藉由美中競爭關係，扮演重要的平衡手，預防過於強大的美國或中國妨礙歐盟利益。但是當前的歐盟也不是十年前的歐盟，自歐債危機以來，歐元嚴重貶值、難民問題、民粹主義以及英國脫歐，都在撕裂歐盟的團結。下兩章將分為經濟面的空間層次與政治面的認知層次，深入分析這些困境的因果關係，而這一切，都是國際秩序重組的一部分。

---

[78] 「韜光養晦、有所作為」將在本書的第四章時，再加以闡述。

[79] Steven E. Lobell (2009), Ibid., p. 50.

第二章
全球秩序重組的空間層面
——從區域整合論秩序改變

一、背景

　　從歐洲共同體到歐洲聯盟，歐盟一直都是冷戰前後最重要的國際秩序支持者。不僅如此，歐盟努力不懈地進行區域整合成為打造區域秩序的典範，歷經八次擴大，從原本6國到現在的27國，從《巴黎條約》到2008年《里斯本條約》，見證國家之間，能夠以國際協商的方式，建立機構、法律，真正終結歐洲征戰幾百年的不幸，和平繁榮了整整一甲子。然而就在登上高峰之際，居然發生了美國次級房貸危機，引發全球金融危機，歐洲從希臘開始著火，迅速蔓延到整個南歐國家，歐元價值受到嚴厲的挑戰。而經濟的問題，必然引發政治動盪，對現有的秩序形成挑戰。如果說美中貿易戰擊發二十一世紀新科技貿易冷戰第一槍，其動機肇因於美國要抵抗全球秩序過度傾斜到中國，那麼歐債危機的發生，就是對歐洲區域秩序反撲的前兆。延續理解美中兩國為什麼要改變自由主義國際秩序的因果關係後，本章要以相同的理論脈絡，以空間的層次，從國內因素到區域／國際因素兩個面向的交互作用，分析歐債危機發生的結構因素，當會員國消除國家疆界保護，加入區域與貨幣整合，導致南歐國家因為國家競爭力不如其他會員國，造成國內經濟發展的困境，從而要求改變既有的歐洲秩序，可知自由主義精神的區域秩序依然無法解決經濟成長果實分配的難題。

　　今日的困境來自於過去的制度設計，然而回顧歐洲諸國在創建人類歷史上第一次以條約與法律為本的國際聯盟道路上，很像早期阿里山的之字型火車一樣，退後是為了之後的上坡做好準備，因此不應以今非昨是的角度理解現今歐盟困境。如同歐洲共同體《羅馬條約》的誕生，是因法國愛麗舍宮企圖組成歐洲防禦共同體及經濟政治共同體，在遭其國會駁回後，歐盟之父莫內（Jean Monnet）因勢利導，利用當時歐洲瀰漫能源危機的氛圍修改計畫，順勢推出修正版而成就《建立歐洲經濟共同體條約》（Treaty on the Functioning of the European Union），從而使貨物、勞工、服務與資本之共同市場建立雛形，一步步篳路藍縷地擴大市場以及政治版圖，最終成為二十一世紀最富裕與和平的區域，會員國之間發生戰爭的可能性幾乎無法想像。好景不常，自2009年歐債危機所帶來的歐元區挑戰，產生前所未有的政治動盪，雪上加霜的是，敘利亞難民危機以及層出不窮的各式恐怖攻擊，加上改變傳播方式的網路社群媒體，加劇了民粹主義對歐洲整合的危害，狠狠地打擊原以為運作順暢的區域與國際秩序。

　　從空間層次而言，會員國內經濟隨著歐盟整合進程的腳步逐漸成長，進一步思考區域性的貨幣是有其意義，創建歐洲貨幣聯盟（European Monetary Union, EMU）亦是水到渠成，儘管美國的經濟學者紛紛警告歐元的潛在災害，[1]在推動歐洲單一市場趨向完善之目標下，現在看似不理智、不合理的歐元，在偉大的政治目的擁簇之下，以政治目的凌駕經濟現實的狀況中倉皇上路。法國的經濟學者Charles Wyplosz早於1997年就為文指出，歐洲南歐各大國包含法國、義大利、西班牙，自從1979年採行歐洲貨幣體系後，由於西德強而有力的經濟表現，使得西德央行制定的貨幣政策，其實就是整個歐洲共同體的貨幣政策，造成其他會員國失去對自身法郎、里拉、比塞塔（ESP）的控制，這情況使得南歐國家慢慢體認到唯一還能對自身國內貨幣發揮影響力的途徑，就是透過成立一個共同貨幣的方法來影響德國的貨幣政策，[2]以取代德國央行在這個領域的位子。Wyplosz的觀點意味著，第一，歐洲經濟整合的進程中，德國從一開始就已經占據了優勢，南歐各國既依賴又想牽制德國；第二，南歐大國不思擺脫對德國的依賴，反而加速與德國經濟整合，以共同貨幣為牽制手段求取

[1]　Johan Van Overtveldt (2012). *The End of the Euro：The Uneasy Future of the European Union*, 中譯本，《歐元末日》，譯者：周玉文、黃仲華，高寶出版社，頁5-15.

[2]　Charles Wyplosz (2000). "EMU: Why and How It Might Happen." in Jeffry A.Frieden and David A.Lake (eds.), *International Political Economy: Perspectives on Global Power and Wealth* (Fifth Edition). London and New York: Routledge, pp. 270-271.

制定貨幣政策發言權。最終，有實力的德國依然在歐洲經濟事務取得
高度領先地位，南歐國的牽制並沒有妨礙德國經貿實力不斷的上升，
更不幸的是，德國經貿實力的成長並沒有帶著南歐各國一起提升。

　　各會員國經濟在加入區域整合後不斷獲得成長，但是1995年
GATT改名為WTO，全球化下貿易與金融的競爭加劇，歐盟需要更大
的經濟成長動能。於是在各國領袖的政治意志與經濟潛在誘因之下，
歐元終於成立。一開始雖然各界不看好，然而沒有幾年的時間，歐元
在2006年已經跟美元一樣成為主要的國際貨幣。但是好景不常，而後
爆發歐債危機重創歐元，歐元榮景也不過短短三年，從崛起到慘跌，
都是三年時間。2002年歐元正式上路對美元1：08的匯率，在短短三
年之後，已經爬到以1.35美元兌換1歐元，更在2008年達到1：1.599的
高峰，然後自此峰迴路轉，一路下滑到2019的1：1.11，說明了歐元
在短短的十七年內的暴起暴落。（見圖2-1）

14 Oct 2018 00:00 UTC **EUR/USD** close:**1.15648**

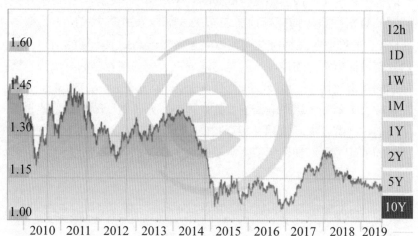

圖2-1　2010-2019年歐元兌換美元的匯率變化[3]

3　https://www.xe.com/currencycharts/?from=EUR&to=USD&view=10Y

　　區域貨幣影響區域秩序甚鉅，要正確地理解歐元起伏背後的國際政治經濟因素，特別是對於歐元區內國家經濟的影響，為什麼在採用歐元的會員國中，為何有的國家經濟表現相對穩定及成長，而有些國家卻產生跟歐元一樣暴起暴落的現象？為何南歐各國在享受歐元升值所帶來經濟繁榮的假象，都沒有警覺性？還是面對結構性因素，即便知道也無法在短時間挽救？其實，歐元本身具有結構性缺陷，造成各國經濟發展差距因歐元上路而擴大。亦即，在歐元區國家中，因經濟結構與表現的不同，會逐漸產生集團化的現象：在經濟繁榮時期，外國資金會往具有高度技術的科技製造業北歐國家集中，而工業比重不高的南歐國家，則大部分吸引到的熱錢是進行金融槓桿操作、房地產以及觀光服務業等，而東歐國家雖然只有斯洛文尼亞獲准加入歐元，但其他的中東歐國家還是受惠於加入單一市場，以低廉的勞動與土地成本，獲得製造業的發展，也大量地吸納原本礙於生產成本過高而不願去南歐設廠的公司。從而使得南歐國家，既得不到資金的挹注進行技術革新與創新，也因成本缺乏競爭優勢而產生製造產業東移，使得自身經濟發展陷入困境，引發社會與政治的動亂，以及對現行區域整合與秩序的不滿。

　　在歐盟經濟體之中，存在1.領先集團，即是歐元上路後貿易持續盈餘的國家，包括德國、荷蘭、比利時、奧地利與芬蘭；2.地中海集團，GDP大約2萬美元，屬於早期加入歐盟，但是位處南歐的希臘、義大利、西班牙以及葡萄牙，以傳統工業、農漁業和服務業等為主，自加入歐元以後，貿易持續處於逆差的狀態；3.新進集團，屬於2004年以後加入歐盟的東歐國家，計有捷克、斯洛伐克、賽普路斯、匈牙利、保加利亞、愛沙尼亞、拉脫維亞、馬爾他、斯洛文尼亞、立陶宛與波蘭等國。除了斯洛文尼亞，其餘都還未獲准加入歐元區。然而，歐盟的會員資格已經使單一市場法案的效力發揮，歐盟會員國之間貨物流通國內化之後，也使得歐元區國家在經濟表現上產生國家化的現象，亦即，以國家概念而言，資金與技術會往大城市移動，而製造業往土地便宜、勞力充沛、交通便捷的區位移動。由於篇幅的限制，將

在三個集團中各取一國，德國、西班牙與捷克，作爲論證的依據，具
體說明歐元上路後，領先集團與新進集團如何產生經濟競爭優勢，從
而弱化了地中海集團的經濟產出表現，最終引發歐債危機。

　　這種三個集團經濟結構的分歧，一開始未被注意是因爲西班牙等
南歐諸國一開始擁抱歐元、享受豐沛資金的同時，並沒有注意到上述
缺乏比較優勢的困難，從而被此不易察覺的缺陷困住，無法脫身。因
此，地中海集團陷入歐債危機的眞實理由，與其說是因爲國內消費成
本與薪資高漲而造成出口不振，繼以房地產泡沫化及過度金融槓桿使
得政府需以公共債務支撐國內經濟不致崩盤，[4]倒不如說是，歐元上
路後，相對上對於經濟有健康性幫助的高端技術投資蜂擁前往歐盟領
先國家，使得地中海集團經濟產業不具技術與資金的條件，復而製造
業面對中東歐會員國的競爭而萎縮後，缺乏大量就業機會，一方面形
成高失業率增加政府福利支出，二方面產業收入下滑導致政府稅收不
振，從而需以公債應付公共開支。此種結構性雙重惡性循環，方是地
中海集團經濟疲軟不振之主因。接續將爬梳主要相關文獻，儘管歐債
危機的成因眾說紛紜，但仍可區分何者爲因，何者爲果。

二、空間層次上的國內因素

　　在美國金融危機爆發後，各界注意到歐元區某些國家的債務高到
無法償還，產生信心危機，遂爆發歐債危機。歐美的學術期刊開始對
問題的成因展開檢討，有Tobias Knedlik以及Gregor Von Schweinitz認
爲這是主權債務與銀行危機這對雙胞胎所造成，導致歐洲貨幣聯盟國
家的國際收支失衡，[5]也有台灣學者主張南歐各國的外債高築及財政

---

[4]　European Commission (April 2013). "Macroeconomic Imbalances Spain 2013." Occasional Papers 134, Directorate-General for Economic and Financial Affairs, p. 9.

[5]　Makram El-Shagi, Tobias Knedlik, and Gregor von Schweinitz (2013). "Predicting

赤字是歐債危機的成因。[6]若以官方文獻解釋歐債危機作爲出發點考察，則可以發現，歐盟執委會的Occasional Paper在2013年4月發表題爲總體經濟失衡的西班牙，來定調官方的觀點。報告開宗明義指出：

SPAIN is experiencing excessive macroeconomic imbalances. Although adjustment is taking place, the magnitude of the necessary correction requires continuous strong policy action. In particular, very high domestic and external debt levels continue to pose risks for growth and financial stability.[7]

據此，過高的國內外債務比重不僅是歐債危機的成因，也成爲西班牙當前經濟成長與財務穩定的主要風險。官方報告明確的主張，由於受到嚴重相互交織的內外經濟失衡影響，在歐元飛漲的期間，因爲歐元升值使得西班牙擁有豐沛資金。但是製造不足，需要大量進口，西班牙累積大規模的對外淨負債，豐沛資金刺激房地產建築業的狂飆，也種下泡沫的因子。泡沫總是快速成長而瞬間破裂，銀行手中的呆帳就成了財務穩定的殺手。然而，國家債務比重過高的成因爲何？儘管執委會不願意將之直接連結到失衡的總體經濟，卻也指出，總體經濟失衡的嚴重性，已經造成或是導致了會員國間的經濟失衡。在另外兩份2012年的不同官方報告中，則認爲西班牙所處在歐盟會員國間相對經濟條件所形成的外部位置，私人部分的借貸比例，以及財務部

---

financial crises: The (statistical) significance of the signals approach." *Journal of International Money and Finance*, 35, pp. 76-103; Beniamino Moro (2013). "Lessons from the European Economic and Financial Great Crisis: A Survey." *European Journal of Political Economy*, pp. 1-11. http://dx.doi.org/10.1016/j.ejpoleco.2013.08.005.

6　張心怡（2013）。〈歐洲主權債務問題與歐洲區域整合的未來：新自由制度主義的觀點〉。《歐洲國際評論》，第9期，頁41-65；羅至美（2013）。〈歐洲主權債務危機之解析〉。《問題與研究》，第52卷第1期，頁67-100。

7　Macroeconomic Imbalances Spain 2013 (2013), Ibid., p. 3.

門等發展，則是失衡的主因。[8]

　　然而所謂的私人部分的借貸比例過高，以及財務部門不正常的發展都是經濟失衡的果而非因。正如普林斯頓大學的歐洲研究學者Moravcsik在外交事務期刊發表的論點，歐債的問題並非在南歐債務國肆意揮霍公共部門的貸款，德國不斷地衝高自己的出口，產生大量貿易盈餘，就像是歐洲中的中國一樣。[9]正因為歐盟總體經濟發展失衡而導致西班牙的經濟過度傾向服務業，工業占GDP比例低又不具國際競爭力，而歐元飆高所產生的熱錢，又促使了國際資本湧向西班牙進行短線操作，而真正具有對經濟實質增長的製造業投資，則大量地蜂擁至德國。[10]這就形成了區域內的競爭，從國內的競爭力不足問題變成區域秩序失衡。

　　一本代表主流觀點的書，《歐元末日》作者Overtveldt認為，西班牙在加入歐洲經濟暨貨幣聯盟（Economic and Monetary Union of the European Union, EMU）後獲得非常低的利率，推升經濟成長而造成房地產業狂潮，隨之而來的房地產泡沫則是龐大信貸擴張的苦果。Quiggin也有相同的看法，強調房市的泡沫破裂與金融部門的虧損是許多歐洲國家財務赤字的主因。[11]他進一步主張，西班牙可以透過央行的手段，像是對銀行業擴張的房貸施加更高的存款準備率，即可抑制房地產的飆升。[12]然而，西班牙政府又依賴來自房地產的稅收；換句話說，從歐元上路起，西班牙的經濟成長與下滑是同一個原因，也

---

[8]　The European Commission's second Alert Mechanism Report (AMR) (28 November 2012). http://eur-lex.europa.eu/LexUriServ/LexUriServ.do?uri=CELEX:32011R 1176:EN:NOT; the European Commissio, In-depth Review (2012).

[9]　Andrew Moravcsik (2012). "Europe After the Crisis: How to Sustain a Common Currency." *Foreign Affairs*, 91(3), pp. 66-67.

[10]　這部分的討論，會集中到下一節。

[11]　John Quiggin (2011). "Financial markets: masters or servants?" *Politics & Society*, 39(3), p. 335.

[12]　Johan Van Overtveldt (2012), Ibid., pp. 122-124.

就是房地產。對於這個現象的解釋，Overtveldt強調是房地產破沫對國家成本競爭力的侵蝕，誠然，房地產泡沫對國家經濟的負面影響是舉世皆然[13]，然而若是僅歸咎於西班牙等南歐諸國沉浸於歐元貨幣奇蹟所創造的房市高升的好處，不深究消費者會追捧房市而不進行其他經濟活動的原因，也不探討這些國家國際競爭力急遽下滑，則無法探知歐債真相，只能見樹不見林。

此外，還有一種普遍的觀點，認為歐元沒有危機，是南歐國家的主權債務危機，形成一場銀行與國際收支的危機。Bibow強調，歐盟區域內的競爭力和經常帳戶失衡，以及衍生的債務流量，才是此次危機的核心關鍵。[14]他將責任歸咎於歐盟主要機構及政策在護衛會員國們之間的融合與凝聚上的失靈。由此觀之，Bibow承認歐盟的整合之路，已經造成競爭力失衡與經濟融合失敗，但是該篇研究著重分析德國在歐債危機的角色，認為德國打破了貨幣聯盟成功的黃金法則，沒有做到一個共同的通貨膨脹利率。他強調，德國不能同時要持續不衰的出口盈餘，又不肯提供貨幣聯盟緊急財政援助，又要一個獨立的中央銀行。換句話說，Bibow清楚地分析德國對於挽救歐債危機責無旁貸，然而，自2011年起德國已經透過歐洲央行對地中海集團國家抒困，但是經濟好轉的幅度有限。Bibow所沒有提到的是，不論歐盟或歐元區，不可能每個國家都享有貿易盈餘，而歐元更沒有辦法解決不論是總體經濟或是經常帳失衡的問題。

歐洲央行的觀點認為此種主權債務危機已產生了傳染的現象，由於危機席捲了半個歐洲，其實已經不是個別國家的問題而是系統層面。[15]因此，危機的骨牌效應更惡化歐元區的主權債務問題，故危機

---

[13] 早在1990年代日圓升值從而帶來的

[14] Jörg Bibow (May 2012). "The Euro Debt Crisis and Germany's Euro Trilemma." Working Paper No. 721, Levy Economics Institute of Bard College, pp. 1-5.

[15] Vítor Constâncio (April 2012). "Contagion and the European debt crisis." *Public debt, monetary policy and financial stability*, Banque de France, Financial Stability

管理才是解決歐債的根本手段。質言之，歐元上路後，國際投資對於真正能提升經濟經濟力的工業投資與產業創新，大部分前往德國、荷蘭這種歐元集團內的優等生，而剩餘的熱錢，會在西班牙投資工業嗎？不，投資客選擇短線獲利的房地產。因為在歐洲市場整合、貨幣統一之後，投資製造業那種真正能夠提升經濟體質及提高就業率的資金與技術，已經沒有理由前往西班牙，而西班牙能獲得的，就是投機的房地產、金融槓桿操作與服務業了。[16]很明顯，拿掉國家市場疆界的區域整合後，會產生一個難以克服的問題，即好處往西北歐走，風險則流往南歐。

　　這邏輯也解釋了為什麼有些會員國會面臨嚴重的債務金融問題，而有些會員國則不會。一篇德國經濟研究院的報告分析了歐盟從2000年到2012年間的財務表現，並以危機前後作為劃分，比較前後財政措施，以個別會員國的財政反應（Fiscal Reaction）來解釋問題發生的原因。[17]而究其初始，自2008年全球金融危機發生後，部分歐元區會員國政府即無法從私人資本市場借到錢（可想而知是高風險南歐國家），導致政府公債利率狂漲；相對地，某些會員國的公債利率卻降到歷史新低。因此，Guido Baldi與Karsten Staehr認為一個歐元區，兩種截然不同的財務表現，既是導致歐債危機的背景，也是形成因素。[18]然而，此文獻是以會員國間的不同財務表現狀況來分析解釋，進一步強調歐債危機是部分會員國的財政政策嚴重地出了問題，換句話說，假設地中海國家財政沒有問題，那麼危機自然迎刃而解，然

Review, No. 16

[16] Desmond Lachman (2013). "Lessons from Europe's Debt Crisis for the United States." *Cato Journal*, 33(2), pp. 232-235.

[17] Guido Baldi and Karsten Staehr (2013). "The European Debt Crisis and Fiscal Reaction Functions in Europe 2000-2012." Discussion Papers 1295, German Institute for Economic Research, DIW Berlin.

[18] Ibid.

而，沒有辦法從私人資本市場借到錢的南歐諸國，國庫坐吃山空，德
國又不願意主動紓困，財政怎麼能夠沒有問題？這是許多人看在歐債
危機時常有的盲點。

　　再者，德國政府所力倡的撙節政策並非只是自私地擔心南歐諸國
將其視為空白支票簿，[19]而是有學理的支持。根據美國學者Bemheim
針對美國與其五個主要貿易國（加拿大、英國、西德、墨西哥及日
本）的貿易關係研究顯示，美國的預算赤字會造成將近三分之一的貿
易逆差。[20]據此可知，南歐諸國長期以來的預算與貿易的雙重赤字，
使得學界相信，如果南歐國家可以進行減赤，則會有助於貿易出口的
提升，從而改善稅收的問題，形成一個正向循環，有更多的稅收代表
預算可以平衡，再繼續提振出口。儘管Bemheim也注意到了預算赤字
的增加會帶動私人消費，但是由於會造成利率的上升，因而抵消貿易
增長的幅度。然而，這個研究是在1998年進行，基於一個假設點：國
際金融市場運作良好。假如全球正受到金融風暴猛烈的襲擊，歐美占
主流的國際金融市場在紊亂的市場秩序下，南歐國家已經陷入飲鴆
止渴的困境。稅收不良導致公債高築，從而又惡化貿易赤字，高升的
失業率更倚賴政府救濟，德國的撙節政策看起來就像是遠水救不了近
火，原本的歐元設計的結構性問題必須得到解決。

　　分析學界主流論述後可以發現，大多數學者都認為是南歐國家錯
誤的財政、貨幣與金融政策之國內層面的決策所造成。然而本章的
論點是因為南歐國家的生產競爭力不足，又缺乏國家與市場疆界的保
護，才會有上述錯誤的政策以補救財政稅收不足。故下節繼續檢驗此
論點，在1989年起貨幣體系成立後，德國逐漸建立起的經濟優勢，
歐元上路後更產生了磁吸效應，即Moravcsik所言德國變成歐洲的中

19　Charlemagne (2 Nov 2013). "Fawlty Europe: Will the European Commission Dare to Utter the Unmentionable to the Germans?" Economist.

20　B. Douglas Bemheim (1998). "Budget Deficits and the Balance of Trade." *Tax Policy and the Economy*, 2, pp. 1-12.

國，吸納了原本會移往地中海集團的產業與資金，相對造成南歐諸國的經濟依賴與弱化。

三、區域因素中的領先國

區域整合在歐洲的經驗是非常獨特的，在過去與現在，沒有任何一個區域有類似歐盟推動經濟整合的規模與深度。長期以來，人們都視其為區域合作的典範，從歐債危機突顯出自由主義國際秩序，是偏好於具備生產競爭力的國家，以全球的角度，是德國、日本與中國，以區域的角度，當然還是德國，其經濟規模、技術、品牌等優勢，使得經濟表現大幅度領先其他會員國，而在單一市場打破了國家的疆界後，對跨國企業產生磁吸效應，把各個企業吸引到德國。簡單來說，以創建單一市場促進歐洲統合，藉由經濟合作的方式把傳統國家的疆界打開，讓貨物、人員、服務與資本的自由流通，這樣的理念，原本是將經濟的餅做大，以促進歐洲內的流通來創造更高的經濟效益，然而由Bibow的研究可發現，內部的流通反而造成了資金技術大量的流往具有競爭優勢的領先集團會員國，[21]造成一個嚴重的內部區域競爭力不平衡，進而導致了歐債危機。正如德國的經濟競爭力，來自於其全球貿易與產業政策，並產生了很高的長期儲蓄率，扭曲了國內生產和可持續發展的國內消費之間的關係。依照著名的經濟學家Michael Pettis的說法，正是德國的政策造成了西班牙在美國金融危機前的高度消費與危機後的高失業率。兩者都是肇因於德國所引起的歐洲貿易與資本失衡所導致，這不是歸咎責任的問題，而是提出國家間經貿整合後，並不是永遠都呈現雙贏的和諧秩序，更多的時候是贏者全拿的現實主義。[22]

---

[21] Jörg Bibow (May 2012), Ibid, p. 7.

[22] Michael Pettis (2013). *The Great Rebalancing: Trade, Conflict, and the Perilous Road Ahead for the World Economy*. Princeton University Press, pp. 128-133.

　　德國的經濟優勢一度因為東西德合併而受挫，根據1998年德國《明鏡周刊》報導，因為東西德合併導致公共債務不斷上升，已經達到了《馬斯垂克條約》中之穩定成長公約所規定的上限。當時的總理科爾（Helmut Kohl）大力說服歐盟執委會及其他歐盟會員國，請各國體諒德國正在進行統一的艱辛工程，應准予德國舉高公共債務上限，而眾會員國也無異議地通過了德國的提議。

　　忙於統一並援助東德破敗經濟的工作，使得德國經濟在貿易並沒有任何盈餘，還深受高失業率所苦。然而，歐元的上路與「議程2010」（Agenda 2010）卻使德國經濟有了180度的大翻轉。自從德國社民黨（SPD）施洛德於2003年進行「議程2010」的改革，主軸在於改造德國的社會安全體系與勞工市場，目標清楚地放在提升經濟增長以及降低失業率，以哈茨草案一到草案四（Hartz I-IV）一連串的勞工市場改革，徹底而實質地影響了德國的社會安全體系，完全強化其在世界經貿市場的競爭力。[23]具體的步驟包含了大幅減稅、刪減醫療給付、劇烈地刪減退休金以及失業救濟金。可以想見，左派的社民黨居然帶頭大幅修改刪減社會福利，必然遭到大規模的抗爭。[24]施洛德儘管面臨來自黨內的激烈抗議，但由於反對黨的基民盟與自由民主黨等則大力支持「議程2010」，最終，施洛德贏得改革，卻迅速失掉政權，由大力支持他的梅克爾當選總理。現在享受經濟甜美果實的德國人，除了社民黨自己，連梅克爾都承認「議程2010」對德國經濟復甦的關鍵角色。

　　這段德國成功的歷史，常被希臘或其他歐元區的地中海地區會員國提出來批評，因為歐債高築並非始於南歐國家的不負責任財務政

---

[23] Lena Jacobi and Jochen Kluve (2007). "Before and After the Hartz Reforms: The Performance of Active Labour Market Policy in Germany." *Zeitschrift für Arbeitsmarkt Forschung*, 40(1), pp. 45-64.

[24] 如同參與遊行的工會人士形容：議程2010就像社民黨政府對社會弱勢者下的宣戰書！www.wsws.org/de/2003/mai2003/agen-m20.shtml

策，而是歐盟及其他北歐國家標準不一，過去的德國可以因應國內需求而提高整體的歐盟舉債限制，爲何陷入風暴的南歐諸國就不能以擴大舉債的方式脫離經濟困境，而非得用德國所主導的撙節政策？在全球景氣還未復甦，沒有出口的需求，此時刪減政府支出，只會更惡化地中海國家內部經濟。答案其實很簡單，外資與各國政府相信德國經濟結構與體質健全還得起錢，而不相信南歐諸國有德國這種還債能力。這清楚地說明德國的經濟結構、產業體質、勞工薪資等各方面，不管在歐洲或是全世界都是名列前茅的優等生。

實施改革後的德國，勞工薪資受到限制，而相對於在歐元上路前南歐國家過於寬鬆的貨幣政策，使得物價與薪資大幅上漲，反而形成德國的歐元有了貶值的實質效果，相對低薪資所生產出來的貨品，高的消費稅與所得稅，都造成了德國出口競爭力、貿易高額盈餘與高儲蓄率。而地中海集團國家的歐元卻有了增值的效益，造成薪資上漲、物價上漲，一漲一消的狀況下，經濟產出必然遭受打擊。在一個區域內貿易平衡的概念下，德國的貿易盈餘必然代表其他歐盟／歐元區的某些國家高額貿易逆差，而西班牙等南歐諸國就是德國高額貿易盈餘的受害者。歐元的貨幣政策受到德國的驅動，形成強而有力的歐元與低利率，然而赤字的苦果就由競爭力差的南歐國家來承擔。在實施統一貨幣歐元之前的1990年代，南歐國家的貿易就是互有盈虧，然而進入歐元時代後，南歐國家就再也沒有享過貿易盈餘，反而是不斷地擴大貿易逆差[25]。從圖2-2可見，從2003年歐元上路，希臘的貿易逆差就不斷擴大，到了2008年底達到近40億歐元的負債。「2010議程」後所加上歐元上路產生被低估的德國歐元，必然會造成西班牙歐元的高估；從而，形成德國低度消費而西班牙高度消費。

---

[25] Jeffry Frieden, Michael Pettis, DaniRodrik, Ernesto Zedillo (July 2012). *After the Fall: The Future of Global Cooperation*, Geneva Reports on the World Economy 14, International Center for Monetary and Banking Studies (ICMB), Centre for Economic Policy Research.

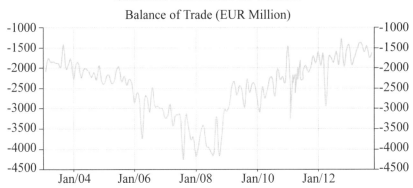

GREECE BALANCE OF TRADE

Balance of Trade (EUR Million)

圖2-2　希臘貿易差額

資料來源：http://www.tradingeconomics.com/

　　不少觀察家都注意到，德國的經濟優勢除了與自身努力有關，也得利於自2008年至2009年的金融危機，對照其他歐元區成員國的經濟困頓導致社會動盪，德國反而因為出口產業與歷史新低的失業率，吸納了許多高技術移民。不僅如此，由於銀行資金充裕，故能提供低利率貸款，央行也有平衡的預算，更處於健康成長狀態。[26]這種狀況引來了美國財政部的批評，說出了許多歐盟會員國心裡的話：「在歐元區金融危機期間，德國一直保持巨額的經常帳戶盈餘，卻阻礙了其他歐元區國家的再平衡努力……使得歐元區乃至整個世界經濟出現通縮傾向」，連由歐洲人出任主席的國際貨幣基金組織（IMF）也提出了相似的看法。[27]

　　磁吸效應常被應用於解釋台灣面對中國的崛起，所產生一連串產

---

[26] Alexander Reisenbichler and Kimberly J. Morgan (20 June 2013). "How Germany Won the Euro Crisis and Why Its Gains Could Be Fleeting." *Foreign Affairs.*

[27] Martin Wolf (5 November 2013). "Germany is a weight on the world." *Financial Times.*

業及資金外移到中國的連鎖反應，然而，這種效果也發生在歐盟整合的進程中，德國由於其產業的競爭優勢，而產生強者越強，弱者越弱的現象。簡言之，歐洲經濟整合原本的目的，是藉由經濟整合的效果，使得集體的力量可以發揮加乘的效果，透過經濟共同體的集體力量，能夠受惠於所有歐盟會員國。進一步來說，如果歐盟的集體力量在全球的經貿力量增強，則會使得所有會員國雨露均霑。然而，這個前提最大的缺陷是，假設歐盟的機構可以有能力進行分配的政策工作，使得相對弱勢的會員國能夠藉由區域補助計畫，救濟其因競爭力不足而導致落後的國家。而事實上這樣的做法需要會員國讓渡更多的主權到歐盟，最富裕的德國因擔心成為無限提款機而加以拒絕。

因此，當內部先有區域失衡後有金融危機發生，必然會衍生很大程度的私人公司跨境債務流動。具體來說，歐元區的經濟表現除了全球景氣因素外，既不是靠部分小的貿易盈餘國，也不是被那些貿易赤字國所拉下來，而是德國長期國際收支的經常項目狀況。[28]當初歐洲貨幣聯盟乃至於歐元的設計初衷，是寄望能複製歐洲經濟體質最良好的德國，將其穩健經濟秩序出口給所有的會員國。歐洲央行的價格穩定將引導貨幣利率接近於2%，以及一個好的公共財政，理想上也是預算赤字低於GDP的3%。[29]然而，這樣的理想非但沒有實現，反而更快地擴大了德國的經濟優勢，而南歐各國的公共財政也因困窘的稅收狀況，不斷地寅吃卯糧，終究導致歐債危機，為區域秩序乃至於自由主義國際秩序的重組燃起火把。

四、區域因素中的新進國

歐盟若要成為一個完整的歐洲聯盟，如果沒有中歐、東歐的加

---

[28] Jörg Bibow (May 2012), Ibid., pp. 2-37.

[29] Jörg Bibow (May 2012), Ibid., p. 3.

入，會相當地不完整。隨著1995年《馬斯垂克條約》上路，歐盟的力量日漸茁壯，歐盟的政治菁英越來越有自信可將版圖東擴，在政治上可以確保這些新進會員國民主化的果實，戰略上讓東歐成為面對俄羅斯的戰略緩衝地，而最終經濟上可成就一個可以與美國相抗衡的經濟帝國：總人口近4億6,000萬人，其對外貿易量可占全球貿易總額四成以上。因此，這些東歐新興民主國家花費十年的時間，以「加入歐盟」作為自身政經轉型的驅動力，針對如何融入已運作完善的歐洲單一市場，歐盟執委會提出有關單一市場之近300項立法建議對其各中東歐國內之法令規章進行改革。

　　隨著2002年1月1日，歐元正式取代歐洲貨幣聯盟成員國的貨幣，歐盟各國領袖更是躊躇滿志地在2002年12月的15國領袖哥本哈根高峰會中，宣布接受歐盟執行委員會（European Commission）所提出入盟諮商議定書：包括波蘭、匈牙利、捷克、斯洛伐克、愛沙尼亞、立陶宛、拉脫維亞、斯洛維尼亞、馬爾它以及塞普路斯。隔年4月16日在希臘雅典簽署10國入盟條約，並於2004年5月1日正式加入歐盟。經濟上的好處，是帶動整體歐盟乃至於這10國的GDP成長。根據執委會的官方文件，1997年到2005年間，這些新會員國的經濟成長了3.75%，高過於原本15個會員國的2.5%，同時也使得歐盟的總體經濟更為穩健。[30]歐盟東擴的優點為加大單一市場的範圍，未來如果加入歐元區，不僅消除貨幣匯率的風險，也能降低會員國間交易成本，增加價格透明化，從而達到經濟融合。目標是穩定歐洲區域經濟秩序。

　　從官方的文件可知，來自東邊的新會員國，只占歐盟整體GDP的5%，按購買力標準計算則是9%，但是人口則占了20%，[31]由此可

---

[30] European Commission (15 November 2013). Economic and Financial Affairs. http://ec.europa.eu/economy_finance/international/enlargement/economics/index_en.htm

[31] European Commission (May 2006). "Enlargement, two years after: an economic evaluation." by the Bureau of European Policy Advisers and the Directorate-General for Economic and Financial Affairs, Occasional Papers No. 24, p. 43.

知，中東歐國家在勞動力上，具備有充沛而薪資低廉的優勢，可以大量吸引原本想要到歐洲設廠而受限於上述因素之考量而不得不放棄的公司。這些新進國現在不僅可以吸引外資前來設廠，甚至連南歐的製造業都紛紛往中東歐移動，因為該地區不僅有成本優勢，同時也享有地理位置的優勢：靠近德國以及北歐等高消費力國家。中東歐國家經過十年以上的努力走向市場自由化、貨物與服務貿易的自由化，對外資形成吸引力，這些都強化該區生產製造競爭力，最終使得整體歐盟都受惠於這個歐洲新興市場。

然而，相對於官方的歡欣鼓舞，學界開始提出令人擔憂的問題。舊的、富裕的會員國（EU-15）開始擔心大量的中東歐勞工以及企業會利用歐盟法所保障的自由移動權利，產生社會傾銷（Social Dumping）的現象。即除了愛爾蘭、瑞典與英國這幾個有限制勞工市場的進入外，由於社會經濟結構的巨大差異，大量的中東歐勞動人口進入15個相對富裕會員國會帶來的各方面衝擊，因為缺乏勞工保障體系的中東歐勞工喜歡前往一個相對高度技術與保障的西歐市場。[32]不過，原本的中東歐10國勞動市場相對不成熟，低就業、高失業的現象，在入盟之後因為勞工輸出也獲得改善。[33]但是，真正值得擔憂的，並非只是廉價勞工的湧入，而是相對便宜的土地及勞動成本對企業及外資的吸引力。

進入二十一世紀全球化的發展，更加大歐盟新進國的競爭力，相對地，南歐的製造業更加速外移。跨國企業的投資策略，考量生產成品與產品性質所產生的價值鏈，當然會將產品線往中東歐移動。根據英國經濟研究機構Economist Intelligence Unit（EIU）2003年6月對全球300位企業資深執行長之調查結果顯示，目前歐盟國家之四項產

---

[32] Rebecca Zahn (2013). "European enlargement and the economic crisis: impact and lasting effects." ETUI, Working Paper (Brussels).

[33] European Commission (May 2006). "Enlargement, two years after: an economic evaluation." Occasional Papers No. 24, p. 53.

業：農業、汽車製造業、消費性產品製造業、礦產冶金業等將在歐盟東擴後受到新會員之強烈競爭，投資亦將東移[34]。因此，成本較高且不具競爭力之南歐國家即首當其衝，當跨國公司開始將生產線移至中東歐國家，南歐國家所損失的不僅是製造業外移，還有大量的工作機會。舉例而言，美商Compaq公司與Motorola公司均已自蘇格蘭撤廠東移。鴻海精機公司與英業達公司進軍歐洲，而選擇在中東歐的捷克設廠，更說明了外資對歐洲市場的需求，需要到便宜的中東歐設廠，地緣的優勢使得中東歐係裝配生產的主要據點，而非僅是消費品的出口市場。

中東歐10國（後稱EU-10）進入單一市場後，消除與歐盟舊會員國間的貿易壁壘，提升EU-10的經濟增長與高度的成長率。貿易發展帶來歐盟東擴成功，然而，此也造成了原本歐盟15國對外貿易的傷害，這可由歐盟整體對外進出口沒有實質改變證明。同時，歐盟內部貿易導向顯示了對新近成員國貿易量成長的重要性。從這些新進會員國的貿易由赤字轉為盈餘可以看出，特別是中東歐對俄羅斯、烏克蘭、西巴爾幹半島國家的貿易額大幅增長，代表原本屬於舊歐盟會員國的貿易量移轉到中東歐。[35]大量便宜的貨物從新進國家與東歐流入EU-15，而製造業的外移又使南歐出口不振，嚴重的貿易逆差自然就發生在南歐國家。

貿易量成長最明顯的效益就是新會員國的失業率大幅下降。這當然是受惠於經濟高度成長所帶來的職缺需求，同時，這些國家所產生的外移人口到舊會員國也產生了推波助瀾的效果。而隨之而來的，就是這些技術移民的匯款回國，不僅促進新會員國的經濟需求，同時進

---

34 李秋錦（2003）。〈歐盟東擴之發展、影響及我國因應對策〉。《經濟研究》，第4期，頁245-270。

35 Inotal András (2009). "Effects of Accession on the New Member Countries: The Economic Dimension." *Enlarging the European Union: Effects on the new member states and the EU*, Trans European Policy Studies Association, Brussels, p. 94.

一步加大深受失業率所苦的南歐國家貿易逆差幅度。[36]歐盟東擴對南歐的影響，倘若沒有加入歐元，可能還可以透過貨幣貶值的方法重新提振製造業，然而初期歐元的榮景使得熱錢充斥著南歐，使得各國政府迷炫於熱錢湧入後的房地產、金融業所創造出來的榮景，完全忽略自身產業空洞化，反而為了連任掩蓋國債高築的事實。一旦受到美國次級房貸危機帶來的間接影響波及，南歐各國再也無以為繼，大量的服務業失業潮人口，沒有製造業可以接收，墊高了國家社會福利的支出，國家稅收當然也跟著大幅萎縮，歐債危機的發生，雖然震驚了各界，但此危機的爆發其實只是時間點的問題。危機暴露出過去區域秩序因EU-10的加入而改變原本經濟結構與利益分配，故現行經貿秩序的改善是具迫切性的。

五、區域因素之經濟效應

（一）德國

德國在歐洲經濟領域所享有的優勢，並不僅來自於歐元上路與「2010議程」，還有本身在經濟表現上優越的傳統。領先者的優勢，完全發揮在歐洲整合的進程。換句話說，德國經濟亮眼的表現，德國也得益於單一市場與南歐的貿易逆差。前者使得德國的國內市場從德國變成歐洲27個歐盟國家，德國產品的優勢所創造出來的銷售量，顯示在德國不斷成長的貿易額與GDP；而後者則造成資本不斷地流入德國，壯大德國的經濟實力。

---

[36] Ibid., p, 96.

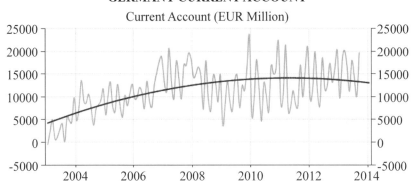

圖2-3　德國經常帳逐年表現

資料來源：http://www.tradingeconomics.com/

　　歐元上路後，一方面歐元不斷地升值，另一方面南歐國家卻出現經常帳赤字，而且不斷地上升，代表南歐國家貿易嚴重赤字，必須靠向外國借貸支應。而提供貸款的是經常帳盈餘國，如享有貿易盈餘的德國。歐元成立消弭會員國之間的匯率風險，德國將很大一部分的儲蓄，借給出現經常帳赤字的歐元區國家。這些資金，因為歐債危機的發生，自然會大量回流到德國以求避險，用金融界的術語，即是資本逃回德國，從而使德國經濟更享有豐沛的資金，而政府的稅收更是無虞。

　　外資將資金撤出歐債危機最嚴重的南歐會員國，而出現的資金缺口就由歐洲央行買單，歐洲央行必須借給這些國家的銀行以支應各國資金需求。在歐元上路前，貿易盈餘或外資進入德國後，德國馬克對其他歐洲貨幣會升值。儘管各國匯率與馬克掛勾，這些匯率仍有彈性。然而歐元成立後，馬克升值就是歐元升值，而他國無法改變，使得操作本國貨幣的彈性消失，再有大量資本流入德國，德國央行必須放款予其他負債的歐元區會員國的央行，形成了各國經濟更加依賴德國，也無力在經濟上、貿易上跟德國競爭。

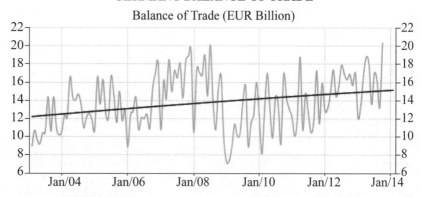

圖2-4　德國貿易差額

資料來源：http://www.tradingeconomics.com/

　　這也解釋了為什麼歐債危機爆發後，德國的經濟表現更加亮眼，對於有高達59%的德國人認為歐洲整合有助於德國經濟發展，這讓人一點也不意外。[37]然而，德國此種不間斷的出口盈餘造成歐盟內收支巨大不平衡，而要求的紓困方案又一味減赤，未顧慮到南歐諸國缺乏稅收支，反而惡化南歐國內經濟狀況。當然，德國並不認同這樣的觀點。第一，德國的貿易並非只有在歐洲，還包含全球，因此德國是全球化的贏家；第二，德國的薪資已有增長，證明德國內部需求有成長。德國應對南歐國家所遭遇的危機，可以理解其推動的撙節政策是避免成為提款機，但也種下南歐國家不滿的心結，[38]南北歐的裂痕從此開始，疑歐派開始在社會上得到支持，在各式選舉中逐漸嶄露頭角，[39]開始打破原本的區域秩序。

---

[37] Giandomenico Majone (June 2012). "Rethinking European Integration after the Debt Crisis." *Working Paper* No. 3, The European Institute University, (College London).

[38] Jörg Bibow (May 2012), Ibid., pp. 1-18.

[39] Charlemagne (16 Nov 2013). "Désillusion." *Economist*.

在全球金融危機的時代，德國不斷高攀的經濟成長率與高儲蓄率，引來美國多次的評論，而每次德國也毫不遲疑地公開反對美國的主張。[40]時任美國總統歐巴馬給世界各大經濟體的公開信、美國財政部的點名批評，都要求德國刺激其內部消費。英國的《經濟學人》雜誌更是公開諷刺德國說，如果一位追求貿易盈餘可以確保經濟活力，那麼日本就不會被它的失落二十年所折磨。[41]

（二）西班牙

並非每一個南歐諸國經濟都像希臘那麼糟，在歐債危機發生之前，西班牙與愛爾蘭是享有預算盈餘的，但是在危機之後財政卻迅速惡化。[42]歐元區在共享貨幣及貨幣政策後，造成各式不同貿易失衡，如西班牙就是典型的受害者，在危機前，尚有政府公債與財政盈餘，但是危機後，卻成了不折不扣的受害者。[43]

蓬勃的內部需求，導致龐大的經常帳赤字，使得西班牙仰賴國際資金，其國際競爭力流失亦加深此一依賴性。[44]西班牙房屋市場的失衡也被視為經濟危機的主因之一，Lachman認為由於太容易取得全球信貸，加上歐洲中央銀行一致的利率政策，造成歐元區的利率長期以來處於相當低的狀況，相較於美國在2000年至2006年房價上漲了80%，西班牙房價的上升幅度居然還是美國的三倍。[45]美國哈佛大學教授Rogoff、前IMF首席經濟學家當時預測，歐盟可能會有一批國家先退出歐元區，這是因為大幅的公共債務而迫使其離開歐元區尋找新

---

[40] Thomas Oatley (2012). *International Political Economy*, 5th Edition, p. 225.

[41] Charlemagne (2 Nov 2013). "Fawlty Europe: Will the European Commission dare to utter the unmentionable to the Germans?" *Economist*.

[42] Jörg Bibow (May 2012), p. 10.

[43] Michael Pettis (2013), Ibid., p. 130.

[44] Johan Van Overtveldt (2011), Ibid., p. 126。

[45] Desmond Lachman (2013), Ibid., p. 234.

的出路。原因在於履行《馬斯垂克條約》中的貨幣聯盟導致的社會與經濟成本過高而使得西班牙的選民無法接受。[46]不僅如此，真正的困難點在於如何弭平歐盟東擴後所產生東西歐洲經濟結構的差異。新舊會員國的經濟力量不對等，舉例而言，地中海三國（西班牙、葡萄牙及希臘）在1980年代剛加入歐盟時，其收入水平是歐共體10國的65%。而相較於東擴新進會員國在2014年時，收入水平卻只有40%。此狀況所產生的實際現象，就是盧森堡的平均薪資所得是羅馬尼亞的十倍。[47]

2004年西班牙進行政黨輪替，其經濟仍然隨著歐洲整合的腳步繼續成長，GDP在當時首相José Luis Rodríguez Zapatero的帶領下有顯著的增長，但是問題已經浮現出來。首先就是龐大的貿易赤字，已經達到其GDP的10%[48]。隨之而來的，就是經常帳不斷惡化，在歐盟會員國貿易夥伴之間失去國家經濟競爭力，通貨膨脹的幅度也超過其他會員國（請見圖2-5）。到了2008年，西班牙十五年來第一次GDP負成長，2009年西班牙亦跟隨著其他南歐國家進入了經濟衰退。[49]

因為所有歐元區國家適用同一個貨幣政策，各會員國不同的貿易競爭力會變成一國有巨大的貿易盈餘，導致歐元的上漲壓力，而進一步惡化貿易赤字國的出口能力。簡言之，德國強勁的需求會吸引來自於美國、中國或是東歐的出口，而非對西班牙等南歐國家的需求。究

[46] Giandomenico Majone (2014), *Rethinking the Union of Europe Post-Crisis: Has Integration Gone Too Far?* Cambridge University Press, p. 84.

[47] Giandomenico Majone (June 2012). "Rethinking European Integration after the Debt Crisis." Working Paper No. 3, The European Institute University, (College London), pp. 21-22.

[48] Spain Country Study Guide (2012). "Strategic Information and Developments." *Strategic Information and Developments*, Vol. 1, (Int'l Business Publications) p. 190.

[49] Bruce Crumley (15 Nov 2012). "It's Official: Eurozone Enters Second Recession in Three Years." *Times*.

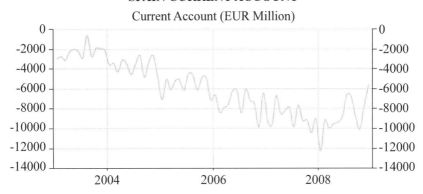

圖2-5　西班牙經常帳逐年變化

資料來源：http://www.tradingeconomics.com/

其因，西班牙的成本與薪資缺乏競爭力已經有長達十年的時間，而在歐債危機之前國家成長的動能來自於國內信用的高漲與膨脹，擴大非貿易貨品部門，像是不動產以及消費，從而助燃了進一步的借貸與消費。這樣的現象由圖2-6西班牙貿易差額中不斷擴大貿易赤字的結果可知，自然使得西班牙沒有能力再維持國內信用成長，而且真實的資產價值因泡沫化而迅速滑落，導致更多的人破產以及銀行呆帳。在此種嚴峻的情勢下，西班牙只好回頭調整國內成本與薪資，才能重新在歐盟／歐元市場上有競爭力。一般而言，有兩種做法：一為當薪資下滑時，透過政策使得勞工接受失業的困難。二為退出歐元以及進行貨幣貶值。對西班牙政府而言，這都是痛苦而無法承擔的選擇。

　　各國與學界開始呼籲，要求德國承擔，也就是德國透過降低所得稅與消費稅的政策，進行內部的大規模刺激消費，將德國從貿易盈餘變成赤字，德國旺盛的進口需求可以施惠西班牙以及其他貿易赤字的南歐國家，使得他們的經濟重新真正健康地成長，才可能有足夠的稅收來償還外債。可是，從德國總理梅克爾（Angela Merkel）連續兩次

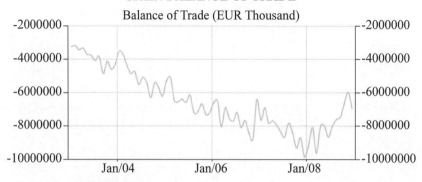

SPAIN BALANCE OF TRADE

圖2-6 西班牙貿易差額

資料來源：http://www.tradingeconomics.com/

堅決拒絕美國的此種提議，可知可能性不大，那麼西班牙從根本上就缺乏增長的動能，既不能舉債刺激消費，也無法貨幣貶值創造出口以增加稅收。馬德里政府正在忍痛進行勞工法改革，增進企業效率，以降低西班牙的生產成本，進行類似德國2010議程的那種改革，然而許多經濟學家都指出這是緩不濟急。根本的問題還是歐盟區的單一市場制度，導致歐盟區內外貿易失衡。

　　根據歐洲中央銀行的數據，西班牙的單位勞動成本在過去十年內上升了30%以上，而德國僅有5%。在德國拒絕改變其撙節政策的狀況下，時任的西班牙執政黨人民黨（The Partido Popular），只能跟上一屆社會黨政府一樣，承受長期高失業率。因此，馬德里將希望放在投資者身上，希望藉由外資重新回到西班牙的房地產以及其他產業投資，[50]來挽救西班牙的經濟，否則如果任由西班牙不負責任地退出歐元區，受害的將是所有歐元區的會員國。

---

[50] Miles Johnson (28 October 2013). "Spain property: Deals struck by foreign investors raise revival hopes." *Financial Times*.

　　然而，西班牙的問題，一如其他南歐國家一樣，是根本性的歐元區的經濟結構問題，除非西班牙能夠有北歐國家一樣的經濟體質與競爭力，或是工資貶值到與東歐相仿，或者德國願意放棄撙節政策，否則單靠外資對房地產的投機性投資，是無法解救西班牙邊緣化的經濟。誠然，德國的看法截然不同，其表示不僅不應該放棄德國的高盈餘貿易，還更一步挖苦西班牙僅做到歐盟執委會撙節政策的10%。質言之，站在德國的利益，德國是走向全世界的貿易，不應為南歐國家犧牲自己的全球競爭力，更沒有道理為了挽救他們而弱化了強者。[51]此種南轅北轍的觀點，其實可看出彼此缺乏一個共同的歐洲身分認同，從經濟風暴轉成認同問題，一點也不令人感到意外。

（三）捷克

　　捷克是中歐及東歐地區發展最佳的國家之一。在加入歐盟的第一年，捷克的經濟就得到了自90年代脫離蘇聯集團後空前的成長[52]。2003年至2008年間，國內經濟增長平均超過5%。隨著經濟復甦，捷克政府大力鼓勵投資，並致力開拓貿易市場，希望能掌握自己在歐盟的優勢，享有進入歐洲單一市場的通路，又有相對便宜的勞工與土地，正如哈佛商學院的競爭大師Michael Porter所說，對外資開放與加入歐盟整合進程，是捷克經濟成長的關鍵。具體而言，他提出：1.好的製造業基礎；2.技術良好，薪資合理的勞工；3.地理上接近德國與其他西歐國家；4.國家政策聚焦吸引外資；5.出口引領經濟成長[53]。

　　除此之外，捷克在入盟之後，不斷增加經貿法規的信用，移除技

---

[51] Charlemagne (2 Nov 2013). "Fawlty Europe: Will the European Commission dare to utter the unmentionable to the Germans?" *Economist*.

[52] 在加入歐盟後GNP的成長如下：4.5% (2004)、6.3% (2005)、6.8% (2006)、6.1% (2007)、2.5% (2008)、-4.1% (2009)、2.3% (2010)（Czech Statistical Office, 2013）。

[53] Michael Porter (22 October 2007). "Competitiveness: Implications for Central and Europe and the Czech Republic." a presentation in Prague, Czech Republic.

術與官僚障礙，加上鄰近德國的地理優勢，都是造成捷克在製造業出口與經濟表現突出的重要原因[54]。而當這個在傳統製造產業極具競爭力的東歐國也加入歐盟，享有跟南歐國家一樣的歐盟市場進入權利，那麼想要就近進入歐洲市場的跨國公司，便紛紛的前往捷克設廠了[55]。觀察捷克經貿的優勢，不能從地中海集團與新進集團國家間的貿易量來觀察。舉例而言，德國是西班牙第二大貿易伙伴，是捷克最大貿易夥伴，而當西、捷兩國貿易越是依賴德國，而捷克不僅鄰進德國，又具有土地與勞動兩個最重要成本因素的優勢，那麼自然會吸納了西班牙想要進軍德國的廠商前往捷克投資。

根據捷克統計局的官方資料，捷克人口有1,000萬左右，在歐盟的東歐會員國中，僅次於波蘭與捷克為製造業提供了豐沛的人力資源。更重要的是，捷克位處歐洲的中心地帶，商品不管運往東、西、南、北歐，都占了地理的優勢，使得捷克在成為歐盟的一員之後，經濟貿易發展迅速，成為東歐會員國中最富商機的國家之一。相對於飽受失業率之苦的南歐國家，捷克的失業率在2010年第一季為7.7%，即便到了2013年，還是維持在穩定的7.6%。[56]（見圖2-7）在政府債務總額方面，2013年占GDP的46.2%，不僅優於歐盟的平均表現（分別為11%及92.2%）[57]，更是在2009年的第二次季就走出衰退，並在2010年的第一季獲得1.2%的增長。（見圖2-7）

[54] Ivo ŠLOSAR ÍK (December 2011). "The Czech Republic - impacts of and experience with EU Membership." *Eastern Journal of European Studie*s, 2(2), pp. 22-23.

[55] Jesus Felipe, Utsav Kumar (February 2011). "Unit Labor Costs in the Eurozone: The Competitiveness Debate Again." Working Paper No. 651, Levy Economics Institute of Bard College, p. 10.

[56] Czech Statistical Office. http://www.czso.cz/eng/redakce.nsf/i/unemployment_rate (Accessed on 20 November 2013)

[57] Eurostat. http://epp.eurostat.ec.europa.eu/portal/page/portal/product_details/ dataset?p_product_code=UNE_RT_M

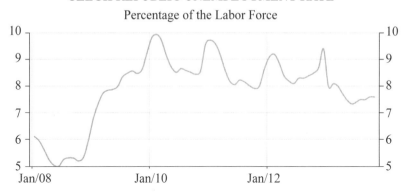

圖2-7　捷克失業率

資料來源：Czech Statistical Office

　　製造業正是捷克GDP增長的關鍵。製造業在2010年占整體捷克成長率達90%。同年，工業指數顯示整體工業生產成長達10.5%[58]。到了2010年，製造業在捷克的經濟有了逐年的增長，成長率達到了11.1%。從電腦、電子及相關設備成長了28.9%，基本金屬、冶金和鑄造業成長了23%，汽車及零件成長了22.2%[59]。這些整體的增長，有受惠於歐盟內部市場的通行無阻所激勵，使得國家疆界對貿易的束縛完全打開，因爲捷克政府呼籲布魯塞爾加快捷克與歐盟融合的速度，立刻結束過渡期的限制，完全支持歐盟倡議，讓勞工、資本與服務業可以自由流動，讓捷克進一步發揮其製造成本的優勢[60]。從外資

---

[58] Market Statement of the Czech Republic, Timber Committee, Sixty-ninth session, UN Economic Commission for Europe, (Antalya:12th and 13th October 2011), p. 2.

[59] Market Statement of the Czech Republic, Timber Committee, Sixty-ninth session, UN Economic Commission for Europe, (2th and 13th October 2011).

[60] Ivo ŠLOSAR ÍK (December 2011). "The Czech Republic-impacts of and experience with EU Membership." *Eastern Journal of European Studies*, 2(2), p. 21.

的成長來觀察，捷克的競爭力更是一覽無遺，自2002年以來，捷克的外商直接投資（Foreign direct investment, FDI）就逐年不斷增長，即便是2009年歐債危機燒得正熱，也都沒有打退外資投資的具體行動。（見圖2-8、圖2-9）

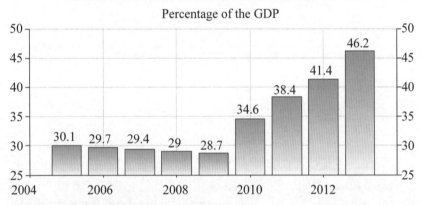

圖2-8　捷克政府債務占GDP比率

資料來源：Czech Statistical Office

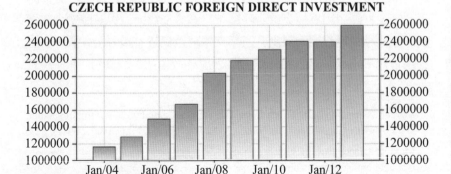

圖2-9　捷克FDI逐年金額

資料來源：Czech Statistical Office

　　如果單就西班牙與捷克從2004年到2005年的FDI來比較，捷克的吸金能力遠大於西班牙，雖然到了2006年開始，兩國吸金數字接近，不過到了2011年後，捷克又逐漸把西班牙拋在後面。（見圖2-10）如果再考慮到兩國的GDP差距，西班牙是全球第13大國（1,349,351百萬美元），而捷克只是第50名（195,657百萬美元），[61]經濟規模只有西班牙的15%，即可知捷克因入歐盟而吸引了龐大原本可以投資其他歐元區國家的資金。從比較德國、捷克與西班牙這些經貿與GDP數字發現，區域因素對於西班牙的經濟效應是雙輸，而且是無法從國內層面加以解決的區域問題，這種困境，是未來區域秩序無法迴避的挑戰。

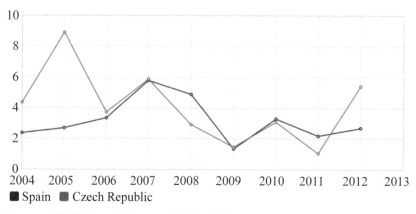

圖2-10　西班牙、捷克GDP成長率比較

資料來源：World Bank

---

[61] Czech Statistical Office擷取時間2017年11月15日.

六、小結

回顧歐洲政治菁英為追求市場經濟的擴大與融合，將國家的疆界打開，推動單一市場，那麼歐盟地區就會產生國家的效果，一般而言，國家的人才、資金、技術與企業都會往具有競爭力的大都會集中，在歐盟則會往經濟競爭力好的國家移動。所以當歐盟採用歐元，會更加速優勝劣敗的狀況，經濟表現領先的國家將會獲得資源集中效益，諸如德國或是北歐工業國。不僅如此，當歐盟整體經濟情勢表現好時，南歐國家不容易發現此種缺點，甚至會產生經濟「虛胖」的現象。但在經濟危機發生時，問題就會顯而易見。布魯塞爾與柏林提出的不情願抒困方案要求債務國家實行撙節政策，使得廣大的弱勢群眾走向街頭，其累積的憤怒很容易被疑歐派點燃，歐洲整合的物質分歧，也就是會員國間經濟力量差距擴大，顯現區域秩序安排出了問題而必須加以改革。

本章針對歐元區地中海集團國家被指為是發生歐債危機的原因提出了不同的解釋，認為這些國家陷入歐債危機是導因於地中海集團國家經濟結構不是以出口為導向，不具生產競爭力而形成歐元區總體經濟失衡，領先集團國家貿易盈餘過高而其他國家則深陷於貿易赤字，在無法貶值歐元的情況下，又因歐盟東擴新中東歐會員國有成本低廉優勢，使得地中海集團國家製造業之外資投資進一步流失。因此，地中海集團國家是歐元區成立後的受害者而非施害者，歐債危機是歐元在準備不足而上路時就種下的果，非單單某些國家內部不負責任的舉債而成。

綜觀歐盟這十年來所遭遇的各式危機，原因各有不同，然而有一個很大的結構性問題在於，歐盟不是一個國家，卻努力做國家才會做的事，像是單一市場、共同貨幣與共同政策。問題在於，歐盟是一個會員國讓渡部分主權的集合體，缺乏像國家政府所真正具備至高無上的控制權，布魯塞爾僅有各式各樣限制的權限，結果就是各會員國因經濟結構不同，生產能力也不同，在無國界的單一市場內中亂象百出。歐元就是典型的例子，歐盟只得到貨幣權，卻沒有財政權，稅收有問題的國家，只好拼命以歐元為本進行借貸。這也造成部分會員國同時是歐債危機的始作俑者，也是苦果的受害者。因加入歐盟單一市場而使得國家失去經濟自主性，政府又缺乏足夠的政策工具解決問題，使得不論極左或極右的非主流政黨共同找到反歐盟的訴求點。歐債危機所暴露的問題與全球化如出一轍，倘使國家不具備有經濟競爭力，那麼就會是全球化下的輸家，這也正是許多人反全球化，呼籲終結自由主義國際秩序的原因。下一章接著討論的部分，即是著墨於因為歐洲經濟面的問題，所引發政治問題，也就是歐洲政黨重組，疑歐、民粹政黨紛紛崛起，徹底地改變傳統歐洲政治版圖，對於歐洲乃至於全球秩序，有著深沉的改變。

第三章
全球秩序重組的認知層面
——物質到理念的分歧

一、背景

　　2008年的全球金融危機是冷戰結束以來所建立自由主義國際秩序開始轉變的重大事件，代表著歐美國家的金融制度過度的槓桿操作，卻由納稅人以及國際貨幣基金組織（IMF）來買單，其後果即是造成國際上各國對於歐美國家的領袖地位感到懷疑，國內則是進一步擴大貧富差距，爲日後的民粹主義奠下基礎。而歐債危機是歐盟從過去整合成功的高處重重摔落，各國媒體將債務國家稱之爲豬，更加深南歐民眾的不滿，不啻是送給了原本爲數不多的疑歐派政黨一份大禮，尤有甚者，爲求勝選，不惜走向以煽動對立與仇外爲核心的民粹主義，對比原本的自由主義所強調全球化與開放的價值，其實已經不是許多歐洲人信仰的價值了。[1]

　　本章要以「認知」層次的改變，說明四十年的歐洲整合，物質力量不斷地增長，但是在民眾間與會員國間都產生了分配不均的現象，從而改變了那些屬於落後者的「理念」與「身分認同」，從而反對現行秩序，要求改變。過去整個歐洲秩序的基石是奠基於單一市場、《申根公約》、四大自由流動以及歐元，今日的歐盟當然不完美，但是沒有上述的基石，就沒有這個自中古世紀以來，最和平、繁榮、文明的歐洲。不論個別國家之間有再多的外交紛爭，會員國間發生戰爭已經是無法想像的事。然而，從那些社會經濟落後者的角度而言，支持疑歐派透過民主制度藉以改變的，就是這個基石，他們有一個完全不相同的理性與論述，認爲今日歐洲的問題，就是此一基石所造成的。疑歐派政黨從參與歐洲議會選舉開始成長，而且隨著歐債危機的災情越慘，他們的得票越高。爲求執政，疑歐政黨開始走向民粹主義

---

[1]　Hal Brands (2016). *American Grand Strategy and the Liberal Order: Continuity, Change, and Options for the Future*. RAND Corporation, p. 2; John Ikenberry (2001). *After Victory: Institutions, Strategic Restraint, and the Rebuilding of Order after Major Wars*. Princeton University Press, pp. 23, 45.

的道路，秉持著保守、反移民／難民以及排外等與歐洲主流價值背道而馳的主張，成了歐洲區域秩序的惡夢，其所主張既破壞規範，又妨礙區域的穩定，是自由主義國際秩序的反對者。

二、歐債危機到疑歐主義的興起

從歐債危機中可很清楚地看出，歐盟整合後經濟的利益，在歐盟層次上，因為各國國家經濟結構與發展階段不同，導致債務問題集中在南歐國家；在會員國層次也無法使國內民眾共享單一市場的經濟繁榮。此種經濟整合困境，在遭逢歐債危機打擊後，歐盟要求施行的撙節政策，使得需要政府福利政策的弱勢民眾，更覺得歐盟獨惠財團，而無法苦民所苦，正好提供疑歐派攻擊歐盟的素材而獲得廣泛的支持。[2]事實上，疑歐政黨存在由來已久，在歐洲景氣繁榮的時候，這些政黨的存在沒有獲得各界的關注，然而國家經濟表現不好，社會出現許多移民、難民，生活上受到恐怖攻擊的威脅時，選民開始會認為這些疑歐政黨的主張是有道理的。[3]這種轉變正是典型的物質力量的變化，改變了原本的認知與身分認同。疑歐政黨所主張的價值與政策，與建制派或是聯邦主義者是背道而馳，以讓渡主權而言，前者堅決反對歐盟的權限繼續擴張，而後者則是要求更多的權限以解決問題。這就陷入雞生蛋、蛋生雞的困境。國家間的合作不透過讓渡主權則無法實踐，而讓渡之後雖然解決舊的困境，卻又衍生更多利益不均的問題。

---

[2]　Rosa Balfour (2017). "The (Resistable) Rise of Populism in Europe and its Impact on European and International Cooperation." Challenges Ahead for the European Union, IEM ed., Mediterranean Yearbook 2017.

[3]　Liesbet Hooghe and Gary Marks (July 2016). "Europe's Crises and Political Contestation." Paper presented at the Conference, "Theory Meets Crisis," Robert Schuman Centre, EUI.

　　疑歐政黨為了贏得選舉，融合了民粹主義的對立與排外，批評本國建制派與歐盟聯手以納稅人的錢挽救銀行卻懲罰無辜的窮人，藉此獲得更多的政治支持。然而，問題是這些疑歐政黨並沒有解決經濟問題的能力。以希臘為例，於2015年帶領激進左翼聯盟（Syriza）贏得大選並擔任總理的齊普拉斯（Alexis Tsipras），年僅40歲成為希臘史上最年輕的總理，雖然以堅決反對撙節、拒絕紓困方案附加的限制而獲得支持，但是執政之後仍然被迫接受條件更差的撙節條件。除去難民與馬其頓議題的影響，在他執政的四年之中，希臘的GDP成長率從-0.43成長到1.87%，很難說是好的成績。[4]可以這麼說，疑歐政黨取得權力後，在國內無法解決原本的經濟結構性問題，在歐盟層次上也無法拿出取代歐盟的策略，儘管自2019年這些政黨支持度已逐漸下滑，但是整體區域秩序已經呈現相當不穩定的狀況，對於Covid 19的對策還是各國各自為政，沒有發揮區域整合的優勢。

　　進一步探究疑歐政黨獲得支持的原因，不能只歸咎於歐債危機與經濟惡化，因為經濟第一名的德國也有另類選擇黨（Alternative for Germany, AfD），受惠於歐洲單一市場的捷克有「不滿公民行動」黨（ANO 2011）。相對地，歐債危機受災國的西班牙，當然也有「我們能」黨（Podemos），歷經三年半的時間達成脫歐協議的英國，也有從幾乎滅黨的英國獨立黨（UKIP）化身為英國脫歐黨（Brexit Party），標準為脫歐而誕生的政黨。整體英國脫歐前的歐盟28國，不論是地域上的西歐、中東歐、北歐與南歐，還是意識形態上的左翼與右翼政黨，普遍皆有從疑歐走向民粹主義的現象。這正足以說明，這些政治權力移轉的現象，絕不僅僅是經濟因素造成而已，包含了社會、文化與身分認同，更有國際體系因素，也就是除了上一章闡明的全球化生產製造移轉，許多歐洲國家貧富差距現象加劇；國際政治上

---

[4] World Bank. https://data.worldbank.org/indicator/NY.GDP.MKTP.KD.ZG?end=2019&locations=GR&start=2008&view=chart

因敘利亞內戰帶來之難民危機，擴大了歐洲內部社會文化的分歧。[5]

追本溯源，疑歐派的思想根基是歐洲懷疑主義／疑歐主義（Euroscepticism），這個辭彙的誕生伴隨著歐洲整合的進程不斷地出現在學界與媒體雜誌，但一直到1990年代才開始有學者著手學術性、系統性的研究。以民主的觀點來看，Taggart認為疑歐主義，正是持不同政見者的試金石。[6]然而，長期以來，疑歐主義一直被視為是極端分子的大本營。Martin即認為，英國的疑歐者是緬懷過去的民族主義者，甚至是仇視外來移民者的英格蘭人。[7]不過，顧名思義，疑歐主義即是對歐洲整合帶有懷疑與不信任，而光譜從歐洲整合的深度與廣度的合理性，到極端地認為根本不應加入歐盟。[8]如果以硬性或軟性的角度來判定疑歐派的光譜，Taggart與Szczerbiak主張強硬派的疑歐主義是從原則上與政策上即反對歐洲整合，故國家應退出歐盟；而軟性的疑歐主義則是原則上不反對歐洲整合或成為歐盟會員國，但是政策上主張國家利益優於歐盟利益[9]。

在政治實務上，疑歐派或是歐洲懷疑論者（Eurosceptic）所組成的右翼或左翼政黨，在歐盟各會員國以非常不同的形式展現，甚至有

[5] Marianne Kneuer (2019) "The tandem of populism and Euroscepticism: a comparative perspective in the light of the European crises." *Contemporary Social Science, Taylor & Francis Journals*, 14(1), pp. 26-42.

[6] Paul Taggart (1998). "A Touchstone of Dissent: Euroscepticism in Contemporary Western European Party Systems." *European Journal of Political Research*, 33, pp. 363-388

[7] Martin Holmes (1996). *The Eurosceptical Reader*. New York: St. Martin's Press.

[8] Christopher Flood (2002). "The Challenge of Euroscepticism." in Jackie Gower (ed.), *The European Union Handbook* (2nd Edition, pp. 73-84). London: Fitzroy Dearborn Publishers, p. 73.

[9] Aleks Szczerbiak and Paul Taggart (2002). "Opposing Europe: Party Systems and Opposition to the Union, the Euro and Europeanisation." SEI Working Paper No. 36 (also Opposing Europe Research Network Working Paper No. 1, Sussex: Sussex European Institute), p. 7.

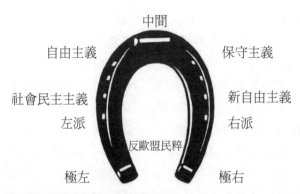

圖3-1 馬蹄鐵型政治意識形態分佈圖

資料來源：作者參考Heinz Handler文章繪製

馬蹄鐵的現象，左右翼在部分議題有結合的趨勢。[10]傳統政治光譜的左右兩端，會因為立場逐漸走向極端而往下掉，在移民、難民以及反歐盟議題上逐漸合流，而形成共同的反歐盟民粹力量（見圖3-1）。

　　一般而言，有三個因素解釋歐洲懷疑論產生：第一，經濟因素，因為歐洲整合過程中，所導致的失業、通貨膨脹、經濟衰退，使得經濟落後者認為自己是歐盟政治制度的受害者。第二，身分因素，也就是部分歐洲人認為移民與歐洲身分侵蝕了自己本國的身分認同，特徵在於他們如何利用公民、民族、包容與排他，建構出身分認同。歐盟越是想要創建共同的歐洲身分認同，越是造成疑歐論者的憤怒。第三，制度因素，許多疑歐派的支持者對國家和歐洲機關的不信任。這群人砲火猛烈地以「民主赤字」攻擊歐盟的制度安排，認為坐在布魯

---

10 Heinz Handler (Mar 2019). "European Identity and Identitarians in Europe." Policy Crossover Center: Vienna-Europe Flash Paper No. 1/2019; Salvatore Chiarelli (November 2009). "Rethinking Political Ideologies." Lexington Universal Circuit. A Journal of Economics and Politics at Bernard M. Baruch College;卓忠宏（2020年）。〈簡析歐洲極端政黨的興起與特色〉，《歐亞研究》，第10期，國立中興大學國際政治研究所出版。

塞爾的那群政客沒有民意基礎，卻決定了歐洲人的預算與未來。因此，就有學者認為歐洲整合反而限制了民主爭論的空間，並進一步激化反歐盟人士對歐盟的反感。[11]

從這三個因素之間最大公約數是「對現狀不滿的人」，突顯出物質分歧會產生理念分歧，最終成為身分認同的分歧。歐債危機直接助長了這群人的人數增長，形成一股龐大的政治力量，結合民粹主義的潮流，進軍國會與歐洲議會，尋求對現行秩序的推翻，使得歐洲聯邦主義的政治藍圖受到壓制，親歐與疑歐兩陣營變得越來越水火不容。有趣的是，通常越是疑歐的國家越需要歐盟伸手援助，而親歐的國家，又常常不大情願救助這些疑歐國家，這樣的狀況從歐債危機的紓困方案到Covid 19的復原基金，都是如出一轍。一方面，債務國都在南歐國家，嚴重的失業率與撙節政策，對勞工等於是雙重打擊，屢見不鮮的示威罷工運動助長左翼民粹主義的支持；另一方面，債權國的西北歐國家，紓困政策的負擔則導致其國內的右翼民粹主義支持度節節高升，芬蘭與德國就是最好的例子。

疑歐派挾著民粹主義崛起對區域秩序穩定的警訊在於：國家運用主權讓渡，讓國際組織進行政治經濟整合的政策，產生的經濟果實如何分配是一個難以克服的問題。區域治理與國家治理有著本質上的不同，前者匯集主權而權力有限，後者讓渡主權而受到民意反撲，其實說明了歐盟治理必須採取有限度的政治與經濟整合，而非一味地往政治聯邦主義前進。所有會員國與歐盟的領袖們必須面對的課題是，歐盟不是一個主權國家，不應企圖達成主權國家的效益。主權國家透過憲法界定中央與地方的權限，歐洲聯盟則難以運用條約界定「歐盟中央」與「會員國地方」的權限，很重要一個原因，就在於歐洲身分認同建立的困難，還有可能因歐洲集體利益而喪失國家的自主性與利益。

---

[11] Peter Mair (2013). *Ruling the void: The hollowing of the western democracies*. London: Verso, pp. 137-140.

三、歐洲議會：理念與身分認同的競爭

民主國家秩序的建立依靠的是民主與法制，選民透過投票將秩序的建立與維護交付給執政黨所組成的政府，除此之外，國家身分認同有助於秩序的維繫。但是，全球與區域治理，秩序的維繫因無政府的狀態變得極度困難。歐洲秩序的建立靠的是各會員國匯集主權、簽訂歐洲條約與建立機構，但是如果沒有建構一個身分認同，就很難達成歐盟格言：「異中求同、化異求同」（United in Diversity），[12]自由主義歐洲秩序的維繫就會不斷受到挑戰。事實上，歐盟已經是有史以來最成功的區域國際組織，所有的會員國都是民主體制、自由貿易與市場開放，基本上符合Glaser所提的四個條件：民主、建立階層、國際組織的約束、經濟相互依存。然而，隨著各式危機的產生，歐盟的理念受到疑歐與民粹主義的挑戰，特別是進入歐洲議會反對歐盟。

一般民主國家不需要利用議會建立國族認同，但是缺乏其他直接民主機制的歐盟，利益的協商、共識的形成、理念的爭辯乃至於歐洲身分認同感的建立，[13]歐洲議會都是最好的公共場域。對於疑歐政黨而言，議會卻是用來作為跳板、博取媒體版面並取得第一步的政治力量。不過，在歐盟各個機構裡，歐洲議會是唯一一個經過民意授權的機關，當歐盟一再被批評民主赤字時，歐洲議會的直接選舉就成了最有力的反駁證據。如果赤字意味著不足，那麼至多是多元主義赤字，因為就民主監督與制衡的準則而言，歐洲議會的實質性代表制是成功的。[14]

---

[12] Svetlana Hristova, Thomas Knubben, and Pekka Vartiainen (eds) (2011). "United in Diversity?" Cultural Policy and its Dimensions, Compendium of Projects presented during the Erasmus IP Conference in Helsinki, Ludwigsburg, p. 45.

[13] Plamen Akaliyski (2018). "United in diversity? The convergence of cultural values among EU member states and candidates." *European Journal of Political Research*, 58, pp. 388-411.

[14] Miriam Sorace (November 2017). "The European Union democratic deficit:

　　如同歐盟各機構權限的演進一般，歐洲議會的功能與權限也越來越重要。正因為被批評民主赤字，所以在最新的歐盟條約——《里斯本條約》中，大幅地增加過去所沒有的職權：新立法權、國際協定、財政預算政策以及公民倡議。[15]然而，擴權之後的歐洲議會，有許多政治人物競相投入角逐2014年歐洲議會選舉，但是意外地並沒有得到選民的青睞。這是《里斯本條約》生效後的第一次歐洲議會選舉，因而受到萬眾矚目，並且這也是歐債危機發生後的第一次，許多疑歐派的政客，都想要利用這次選舉擴張支持度。出乎意料之外，此次選舉居然是歷屆歐洲議會選舉以來，投票率最低的一次（42.54%）。從1979年開始的歐洲議會選舉當時還有62%，但是到了2009年已經降至43%，[16]足見選民或是會員國並不夠重視歐洲議會。再者，歐債危機的影響雖然深遠，基本上選民對於歐盟的冷漠與無感仍然存在，不相信疑歐派，也不相信歐洲聯邦主義支持者所宣稱的歐盟是歐洲唯一的藥方。然而，疑歐派卻好好地利用了低投票率取得了最好的成績，2014年歐洲議會選舉結果標誌著的是疑歐派正式崛起。

　　疑歐派進入體制後組成了一個歐洲自由與直接民主黨團（Europe of Freedom and Direct Democracy, EFDD），大多議員是來自英國獨立黨與義大利五星運動黨（Five Star Movement）。EFDD在全部751席位的歐洲議會中，僅占了48席位（6%），這在全歐盟泛疑歐派政黨取得30%的席位而言，能發揮的影響力實在太有限。但是在會員國內，疑歐派政黨在英國、法國、希臘、義大利以及丹麥，都得到前所未有的支持度，顯示歐盟必須採取更多措施來促進增長和就業，並

Substantive representation in the European Parliament at the input stage." *European Union Politics*, 19(1), pp. 3-24.

[15] Wim Voermans (2011). "The Birth of a Legislature: The EU Parliament After the Lisbon Treaty." *The Brown Journal of World Affairs*, 17(2), pp. 163-180. JSTOR.

[16] EURACTIV (07 August 2014). It's official: Last EU election had lowest-ever turnout. https://www.euractiv.com/section/eu-elections-2014/news/it-s-official-last-eu-election-had-lowest-ever-turnout/

且讓歐洲民眾對歐盟的重要性更有感。[17]此外，疑歐政黨的崛起也使得傳統政黨修改路線以爭取疑歐選民的選票，導致會員國之間對如何達成歐洲共識更難達成。西班牙在歐債危機的階段，城市街頭上不斷地上演抗議政府與歐盟的示威運動，給執政黨很大的壓力。然而，這是一個痛苦的選擇：調整國內成本與薪資，使得西班牙產品在歐盟／歐元市場上有競爭力，需要西班牙勞工接受薪資下滑，這對辛苦的西班牙勞動階層當然是痛苦而無法承擔，而這批經濟上絕望的勞工，很快地就將處境怪罪於歐盟，將希望投射到2014年才成立的反歐盟政黨「我們能」（Podemos），可見歐債危機的受害者，成為反歐盟陣線最重要的支持者。[18]

時隔五年到了2019年第九屆歐洲議會選舉，又有了很大變化，進入後歐債時期的歐洲並無法喘息，幾乎每年都有重大的國際事件發生：2011年開始的敘利亞內戰帶來難民潮，到了2015年因3歲男童亞藍伏屍土耳其海灘而沸騰國際輿論，歐盟也因此陷入共同難民政策的紛爭；2016年英國舉行脫歐公投所捲起全球對民粹主義與假新聞的關注；2015年至2017年各個歐洲重要城市，舉凡巴黎、柏林、倫敦、斯德哥爾摩以及曼徹斯特，紛紛遭遇恐怖攻擊；2018年，法國因為馬克宏提高燃油稅爆發了黃背心運動，將明星總統打成富人總統。這些重大事件增強歐洲公民對政治的重視，歐洲議會選舉的投票率大幅提升到50.62%，是近二十年最高的一次。[19]

意外的是，雖然兩個最大黨團「歐洲人民黨黨團」（European People's Party group, EPP）和「社會主義者和民主人士進步聯盟」

---

[17] Economist (31 May 2014). *The Eurosceptic Union*.

[18] Heather Grabbe & Nadja Groot (2014). "Populism in the European Parliament: What Implications for the Open Society?" *The International Spectator: Italian Journal of International Affairs*, 49(4), pp. 33-46.

[19] European Parliament. https://election-results.eu/turnout/ (Accessed on 06 September 2019)

（Progressive Alliance of Socialists and Democrats, S&D）分別掉了34席與31席，但是疑歐派並沒有因此得到太多的成長，僅增加6個席次（54席次），跟疑歐派在國內選舉的成績比起來，明顯地不同。事實上，選民從奧地利副總理Heinz-Christian Strache爆發「通俄門」醜聞看清疑歐派政黨執政之後，[20]也是一樣地貪腐，一樣地無法解決問題。相較兩次歐洲議會選舉，2019年沒有任何黨團可以獨占鰲頭，而且各國狀況都不盡相同，難以找出一個通則。百家爭鳴的現象，就是歐洲從物質分歧進入了理念分歧的階段，而各國其實都蘊含了各自不同的歷史記憶、地理限制、經濟結構、政治文化以及社會風貌等等。特別在中間以及年輕選民，政治主張呈現相當的多元的情況，意識形態變得模糊，傳統的左右之分已經不符合現今的歐盟政治版圖。

　　疑歐派民粹政黨匯集左右極端黨派組成黨團進入歐洲議會，尋求的是守護家園的傳統主權，與原本歐洲整合的精神大相逕庭。一言以蔽之，其民粹主義的保守與排外，並採取以鄰為壑的政策，在難民危機中將難民描繪成對工作和民族身分的威脅，播撒了政治不滿情緒，造成歐盟各國的合作更形困難。[21]其實，疑歐派在歐洲整體經濟良好時，無法獲得大多數人的支持；相對地，一旦經濟崩壞，疑歐派即呼籲選民以選票制裁執政黨。然而如前所述的，解決經濟問題不在個別國家能力，也不在歐盟手裡，全球化下整體國際經濟景氣與否也有很大的關聯。但是複雜的經濟復甦問題並不是民粹支持所關切的，移民、難民和少數族群才是，在政治上國家利益優於歐盟利益，經濟上崇尚貿易保護主義。

　　希臘的「金色黎明」（The Greek Golden Dawn）、匈牙利「更

---

[20] BBC (18 May 2019). Heinz-Christian Strache: Vice-chancellor caught on secret video. https://www.bbc.com/news/world-europe-48318195

[21] Michael Hameleers (2019). "Putting Our Own People First: The Content and Effects of Online Right-wing Populist Discourse Surrounding the European Refugee Crisis." *Mass Communication and Society*, 22(6), pp. 804-826.

好的匈牙利運動」（Jobbik）和英國「英國民族黨」（the British National Party）是公開鼓吹仇外，但是法國的民族陣線（the Front National）、英國的獨立黨（UKIP）、奧地利的自由黨（Freedom Party of Austria, FPO）都拒絕走極端的路線，試圖重新反對極端的位置，而採取一個更廣泛的正常化戰略。此外，歐洲的這些政黨還有一個特色，是對於強人政治崇拜，特別是在俄羅斯和歐美的關係是冷戰結束以來最糟的狀況。俄羅斯總統普丁（Vladimir Putin）是許多疑歐派政客的偶像，包括法國民族陣線黨領導人勒龐（Marine Le Pen），德國AfD的反移民與反歐洲的立場甚至跟俄國政治立場更接近。[22] 在義大利，極右派民粹主義政黨五星運動黨（Five Star Movement, M5S），同樣也和統一俄羅斯黨簽下合作協議。極具爭議的內政部長兼副總理薩爾維尼（Matteo Salvini），更是直接反對歐盟對俄羅斯的制裁。[23]

疑歐派的大行其道突顯出「歐洲身分認同感」正在撕裂歐盟。親歐與疑歐勢力的分歧，在理論上即是理念的分歧，雙方已然缺乏理性溝通的意願。儘管各會員國的疑歐政黨在歐洲議會無法團結，無法在議會黨團形成有影響力的決議，然而，他們的實力卻足以撼動會員國國內下一次的大選結果，反而迫使政府在疑歐政策比過往走得更遠。因此，疑歐派對歐盟的影響，是由會員國發動，而在歐盟輔助性原則之下，歐盟必須協調各會員國的意見，那麼疑歐派就可以從源頭上節制歐盟整合的政策，故各國的疑歐派政黨並不汲汲營營地成立議會黨團，因為黨團不是他們發揮影響力的管道。簡言之，疑歐派對於歐洲區域秩序的影響，即是給予主流親歐執政黨掣肘，雖然Covid 19疫情影響所及，疑歐民粹政黨的支持度有大幅下滑的現象，但是一旦長期

---

[22] Anne Applebaum (12 April 2019). "Russia is cultivating Germany's far right. Germans don't seem to care." *The Washington Post*.

[23] Guy Verhofstadt (21 May 2019). "A Vote for Populists Is a Vote for Putin." *Project Syndicate*.

經濟惡化問題不能解決，必然給這些政黨死灰復燃的機會。

前德國國防部長馮德萊恩（Ursula von der Leyen）獲選為2019年新一屆歐盟執委會（European Commission）主席時表示，她的當選代表大家對於團結與強大歐洲的信心，但事實上反映出的是，歐洲各國政治菁英對再一次團結歐洲的渴望。[24]不過，她就任最棘手的事情，就是處理英國脫歐談判，因為不只歐盟對英國重要，相對英國對歐盟也非常重要。本章將深入與具體說明英國脫歐所代表的，正是另一個會員國案例由物質分歧進入理念與身分認同的分歧。

四、分歧產生身分衝突——英國脫歐

英國長期以來，對於歐洲的身分認同有著很大的衝突。相較於其他歐盟會員國對於歐盟的身分認同，對英國來說，歐盟像是一個貿易協定，有利則來，無利則去。儘管如此，英國脫歐公投的成功，仍是歐盟成立以來最大的打擊。對此已經有大量的書籍、電影與文章在討論，而本章有限的篇幅聚焦論證脫歐是物質分歧／貧富差距導致對歐盟身分認同改變。貧富差距擴大與民族認同變化之間的因果關係是已經被證實的，前者會導致國家內部民族主義情緒高漲，政治人物則會以民族光榮、國家情感文化等訴求，說服選民自身文化比經濟價值重要，[25]利用民族認同以化解經濟弱勢者對貧富差距的憤怒。英國脫歐作為本書地區秩序重組的案例，可以清晰地被驗證，歐洲地區的自由主義區域秩序已經被英國人給否決，英國與歐洲經濟力量同時下滑，許多英國人將歐盟的會員身分視為累贅，疑歐派政黨UKIP利用歐洲議會選舉崛起，結合支持脫歐陣營並成功運用大數據找出對現狀不滿

---

24 Daniel Boffey (16 July 2019). "Ursula von der Leyen elected first female European commission president." The Guardian, access on 092019.

25 Dennison, J. and Carl, N. (2016). "The ultimate causes of Brexit: history, culture and geography." LSE British Politics and Policy, July 18th, published online.

的合格選民，給予大量似是而非的想像與論述，最後以些微的幅度一舉擊敗留歐陣營，為英國國內、歐洲區域政治經濟秩序，乃至於國際秩序，都留下不可抹滅的影響。

　　要真正了解英國脫歐的原因與可能的影響，必須從柴契爾夫人主政，導致嚴重的物質分歧開始談起。1973年保守黨政府因國內遭逢的經濟衰退，[26]不得不帶領英國加入歐洲經濟共同體（the European Economic Community, EEC），但隔年就因選舉失利失去政權。而以少數派政府執政的工黨政府，也立刻在1975年履行競選政策，舉行二十世紀英國唯一一場、也是第一次的脫歐公投，決定英國是否繼續留在EEC。[27]可知英國長期以來，社會都有疑歐反歐的輿論。在那場公投中，保守黨站在留歐派的一方，剛擊敗希斯（Edward Heath）擔任反對黨領袖的柴契爾夫人，其熱情洋溢地支持EEC，成功地令英國繼續留在共同體，此次反對脫歐的立場也為她爭取1979年首相寶座奠定了厚實的基礎。[28]

　　但是從一加入歐盟開始，英國就開始有疑歐派質疑歐共體的官僚體系與各式各樣的規章（regulations）壓抑了英國經濟的力度，而且由於農業不發達，貢獻給共同體的額度也太高。同時也批評歐盟缺乏民主的合法性，責任歸屬也不清楚，許多決策都由那些非民選歐盟官員在不透明化的情況下做成。這些都是需要改革的地方。[29]然而英國政府也清楚，從共同體走到歐盟是艱辛的過程，就算會員國讓渡了許

[26] Romesh Vaitilingam (2009). *Recession Britain: Findings from economic and social research*. Economic and Social Research Council.

[27] David Butler and Uwe Kitzinger (1976). *The 1975 Referendum*. London: Macmillan.

[28] Cary Fontana and Craig Parsons (2015). "One Woman's Prejudice: Did Margaret Thatcher Cause Britain's Anti-Europeanism?" *Journal of Common Market Studies*, 53(1), pp. 89-105.

[29] European Union Committee (July 2015). *The referendum on UK membership of the EU: assessing the reform process*. Published by the Authority of the House of Lords.

多主權到布魯塞爾，歐盟仍然不是一個國家，會員國的合作有賴於明確的條約與規章，為了獲取彼此合作的最大公約數，犧牲部分國家的特殊性是難以避免。英國向來反對讓渡更多主權，當歐盟需要更多的權限（competence）以解決危機，英國的抗拒以保有自主性，就產生了區域合作與國家利益的衝突，秩序的內涵必須調整。

　　四十一年以來雙方融合，終究免不了帶來第二次脫歐公投，而且居然是由帶領英國進入EEC的保守黨，以執政黨的身分舉辦。這是2015年英國大選時首相卡麥隆（David Cameron）競選連任的政見，[30] 儘管在投票前呼籲選民投留在歐盟一票，但是結果卻是逆轉四十一年前的結果，英國離開更進一步整合後的EEC/EU。[31]這樣的一個歷史性結果，不是中國崛起造成的，卻是國際秩序重組的一部分。延續本書的問題探索：第一，1970年與2010年兩個時代的國際體系與秩序有何不同？對歐洲整合的態度有180度的轉變與此有關嗎？第二，疑歐的因素是經濟、身分與制度，英國脫歐可以用這三個因素充分解釋嗎？第三，英國兩個主要政黨都支持留歐，呼籲脫歐最有影響力的是獨立黨，獨立黨的崛起與成功，跟其他歐洲疑歐政黨有何不同之處？而如同本書在導論中指出的，國際體系正面臨強權之權力競爭與對抗，國際秩序的變動與恐怖攻擊日益惡化，進一步地說服大量在全球化下不具競爭力的選民相信離開歐盟是保護英國的必要手段。進一步來說，全球化與反全球化相互作用，也造成經濟弱勢族群糾結在英國文化以及歐盟認同的矛盾。

　　以新古典現實主義來看英國脫歐有二個意義：1.國家內部出現物質與認同的分歧，使得民粹、疑歐政黨與政治人物有了煽動契

---

[30] Mathias Haeussler (2015). "A Pyrrhic Victory: Harold Wilson, Helmut Schmidt, and the British Renegotiation of EC Membership, 1974-1975." *The International History Review,* 37(4), pp. 768-789. http://www.tandfonline.com/ doi/full/10.1080/0 7075332.2014.985332. (Accessed on 14 Aug 2018)

[31] William Davies (2016). "Thoughts on the Sociology of Brexit." in *The Brexit Crisis: A Verso Report*. London: Verso.

機；2.歐盟整體的危機，造成部分公民容易受到贏回控制（take back control）這類簡單話語影響。英國獨立黨僅是脫歐派的部分支持者，它還分別吸納保守黨的認同分歧（重視國家認同）與工黨的物質分歧（經濟落後者）。[32]全球化與區域整合造成英國的經濟結構產生改變，去工業化與國營事業私有化加深英國社會的貧富差距，[33]改變了選民結構，亦改變了選民對歐盟的身分認同，從而催化了獨立黨的誕生與崛起。

從這兩個意義出發，再回顧英國是如何走向物質與認同的分歧。自1970年代以來英國歷經財政危機，而柴契爾主義（Thatcherism）對於自由主義堅定不移的支持，[34]推行了一連串國營事業私有化，加上二戰以來的去工業化，間接導致了英國，特別是工業化最發達的英格蘭地區的貧富差距不斷擴大，這個部分由全球所得與分配資料庫（the Standardized World Income Inequality Database, SWIID）驗證得知，英國的基尼係數自2008年金融危機後不斷惡化。基尼係數是收入不平等的廣泛使用指標是基，取0到100%之間的值，值越高表示不平等越大。在公投前一年的（2015年）基尼係數達到40%，比歐盟平均係數的34.6%嚴重很多。[35]不僅如此，根據英國社會態度（British

[32] Mark Ford and Matthew J Goodwin (2014). *Revolt on the Right: Explaining Support for the Radical Right in Britain*. Abingdon: Routledge.

[33] Kitson M. and Michie, J. (2014). "The Deindustrial Revolution: The Rise and Fall of Uk Manufacturing, 1870-2010." Centre for Business Research, University of Cambridge Working Paper No. 459; Onaran Ö. and Guschanski A. (2016). "Rising inequality in the UK and the political economy of Brexit Lessons for policy." FEPS, *Policy Brief*.

[34] Alex Scott-Samuel, Clare Bambra, Chik Collins, David J. Hunter, Gerry McCartney, and Kat Smith (2014). "The Impact Of Thatcherism On Health And Well-Being in Britain, Neoliberalism in Health Care." *International Journal of Health Services*, 44 (1), pp. 53-71.

[35] Feargal McGuinness and Daniel Harari (May 2019). "Income inequality in the UK." Commons Library Briefing, Number 7484, p. 10.

圖3-2　英國基尼係數變化1961-2015／16年

資料來源：ONS, UK

Social Attitudes）年度調查發現，英國一般大眾認為貧富之間的差距不合理，2010年就高達75%受訪者表示所得差距過大，2012年更上升到82%。[36]簡單說，英國人的貧富差距在歐盟國家中最為嚴重，為經濟落後者的英格蘭人帶來嚴重的相對剝奪感。

　　幾乎所有的研究都顯示，那些支持脫歐的，通常都是疑歐派的支持者，他們多屬於中低收入、中低教育、自覺落後別人的勞動階層。[37]而英國貧富差距的嚴重性，根據英國國家統計辦公室的數字顯示，在2012年至2014年，英國最富有的前50%家庭，占了96%的英國財富，[38]這樣的數字的確令人感到怵目驚心。但是這樣的現象，

[36]　Danny Dorling (2014). *Inequality and the 1%*. Verso, p. 7.

[37]　Gifford, Chris (2014). "The People Against Europe: The Eurosceptic Challenge to the United Kingdom's Coalition Government." *Journal of Common Market Studies*, 52(3), pp. 512-528.

[38]　以家戶為單位，2012-2014 ONS (Office for National Statistics). http://webarchive.

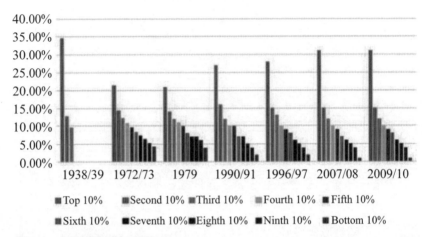

Income share over time

圖3-3　長時期收入分配

資料來源：UK Office for National Statistics

並不是一直如此。英國政府一直努力控制貧富不均，從圖3-3可知，在1979年最富裕的10%占英國財富的比例從1938年的34.6%掉到了21%，可是至此之後，Thatcharism所推動的政策——國營事業私有化——迅速地又使貧富差距問題惡化，到了1990年時，又達到了一個新的巔峰。值得注意的是，從歷年英國基尼係數的變化，也可以觀察到貧富差距的擴大，到了2009年的頂峰之後，並沒有繼續擴大。

　　英國在布萊爾（Tony Blair）帶領新工黨上台之後，儘管沒有加入歐元區，但是在貿易政策上完全融入歐盟，1997年至2007年GDP從1552.48（USD Billion）飆升到3074.36，創造英國的經濟黃金時期。然而經濟增長與貧富差距擴大產生的化學作用，造成經濟上弱勢的民眾對社會日益富裕感到嚴重的相對剝奪感。2008年起GDP開始逐年下

nationalarchives.gov.uk/20160105170657/http://www.ons.gov.uk/ons/rel/was/wealth-in-great-britain-wave-4/2012-2014/rpt-chapter-2.html

滑，提供了保守黨操作疑歐議題的養分，之後貧富差距雖然沒有繼續惡化，但也沒有改善，足以為2016年公投的結果種下了深沉的因素。這些經濟弱勢者在英國社會中，有嚴重的相對剝奪感之外，[39]2009年的歐債危機更讓英國選民相信歐盟之於英國是限制與侵蝕文化，2010年保守黨卡麥隆（David Cameron）順利以疑歐政見入住唐寧街，疑歐的政策促使了選民對歐盟的認同感日益下滑。[40]

　　同時，日益增多的東歐移民也是重要因素，以低薪獲取比當地居民更多的工作機會，也占據了一定比例的社會福利，雖然在自由平等人權的口號下無法駁斥東歐移民的權益，卻能以選票反應對移民在文化上恐懼與在經濟利益的競爭。[41]

　　上述經濟弱勢者狀況的惡化肇因於英國經濟結構轉型，從而推波助瀾地將他們的選票投給離開歐盟。英國歷經過數十年的非工業化，亦即製造業占GDP的比重從1970年的33%下滑到2010年的12%，可想見英國的勞工階層失業率逐年上升，並移往服務業。這些失業與轉型的勞工，正是屬於貧富差距中弱勢的一方，而加入歐共體的英國雖然逐年的貿易額上升，但比例集中屬於金融服務業而非製造業，無法解決此等弱勢的困境。[42]以地區而言，這些族群特別集中在後工業化英格蘭東北部城鎮，對於東歐移民的擔憂更為明顯，表現在55歲以上的人口中約有三分之二投票支持脫歐。[43]如果不是因為物質跟身分的分

[39] Will Jennings and Gerry Stoker (2016). "The Bifurcation of Politics: Two Englands." *The Political Quarterly*, 87(3), pp. 372-382.

[40] Julie Smith (2018). "Gambling on Europe: David Cameron and the 2016 referendum." *British Politics*, 13, pp. 1-16.

[41] John Curtice (2017). "Why Leave won the UK's referendum." *Journal of Common Market Studies*, 55, pp. 19-37.

[42] Centre for European Reform (2014). *The Economic Consequences of Leaving the EU: The Final Report of the CER Commission on the UK and the Single Market*. Available at https://www.cer.org.uk/sites/default/files/smc_final_report_ june2014.pdf.

[43] Sara Hobolt (2016). "The Brexit vote: A divided nation, a divided continent."

歧，很難解釋脫歐的非理性選擇。

進一步分析英國改變現行區域秩序的理由，發現這些退出理由並非能讓英國經濟獲得成長而且在國際事務上更爲具有影響力。在眾多退出歐盟的因素中，英國保有自己貨幣而不參加歐元，又沒有參與歐盟會員國入出境免簽的《申根公約》，說明英國一直與歐盟整合保持適當距離。特別是在2008年開始的歐債危機後，由於各國加強金融貨幣的合作，德國又因經濟狀況最佳而位居主導位置，英國不是歐元集團19個會員國的一分子，自然被排除在外，無法參與決策，導致英國疑歐派認爲英國被歐債危機牽連，卻又無法參與最核心的決策。然而，英國爲非歐元區國家但卻要求參與歐元區決策，這只是代表英國政府想要享有特權，並以退歐作爲手段，而非目的。不過，歐債危機很自然成爲英國疑歐派人士的絕佳負面宣傳案例，證明當初沒有加入歐元以及疑歐的先見之明。他們認爲沒有歐盟各式各樣的條約與規則的英國只會更有全球競爭力，[44]而不是只會待在歐盟的舒適圈。

然而從經濟面務實的來看，歐盟的身分卻實際地嘉惠了英國。貿易數字一體兩面地反映出，由於在歐盟體系內競爭力不足，近十年英國出口至歐盟地區從54%降到47%，另一方面，也因爲歐洲單一市場的緣故，使得出口的總值在同一時段卻從1,300億英鎊成長到2,400億英鎊，[45]足以證明歐盟的貨物自由流動是有利於英國的國家利益。這些數字英國政府了然於胸，貿然退出是保守黨政府的競選口號而非政策目標。[46]

Journal of European Public Policy, 23(9), pp. 1259-127; Richard Ashcroft and Mark Bevir (August 2016). "Pluralism, National Identity and Citizenship: Britain after Brexit." *the Political Quarterly*, 87(3), pp. 355-359.

[44] Katie Allen, Philip Oltermann, Julian Borger, and Arthur Neslen (14 May 2015). "Brexit - what would happen if Britain left the EU?" the Guardian.

[45] Benjamin Fox (February 13, 2014). "New UK Reports Back EU Powers, Enrage Eurosceptics." Euobserver.

[46] Philip Whyte (April 2015). "Do the UK's European ties damage its prosperity?" Centre for European Reform/CER.

五、獨立黨操作認知的分歧

　　《馬斯垂克條約》正式生效的1993年正式標誌著歐盟的進一步深化整合，也正好是英國獨立黨（UK Independence Party, UKIP）正式成立的時間。UKIP的終極目標是讓英國退出歐盟，也就是說，參選歐洲議員進入歐洲議會的目的就是要反對歐盟進行更多的政治合作以及經濟整合，反對英國讓渡主權與放棄自主的經貿政策予布魯塞爾。不僅是2006年剛當選為保守黨黨魁的卡麥隆曾批評UKIP的黨員大都是瘋子跟種族主義者，獨立黨的創辦人Alan Sked更是露骨地批評獨立黨的參選人，除了滿口蠢話，還是純粹的蠢話，說明英國的知識分子對獨立黨的言論是相當地不以為然。[47]然而，隨著日漸增多的中東歐移民，加上歐債危機削弱英鎊的全球競爭力，越來越多傳統工黨的經濟弱勢與保守黨在認同上僅認同英國身分的族群認為，獨立黨渲染言論切中他們對政治經濟的認知，認為問題出在歐盟，脫離歐盟成為一個理性的選擇，可以使得英國從歐盟的二十八分之一再度變成全球貿易的領袖。[48]

　　UKIP在2004年、2009年、2014年的歐洲議會大選逐步變成英國的第一大黨。然而，英國的兩黨政治與選舉制度設計，造成UKIP此種議題型小黨在國會選舉難以獲勝，一旦英國脫歐成功，選民也不認為需要繼續把選票給UKIP，衰退成了難以避免的結果。有別於其他歐陸民粹政黨能在國內選舉有重大勝利，UKIP在接續的全國與地方選舉都鎩羽而歸。直到2019年英國參加最後一次的歐洲議會選舉，改名為脫歐黨（Brexit Party），繼續由Nigel Farage領導，居然還是獲得

---

[47] BBC News (4 April 2006). "UKIP demands apology from Cameron." http://news.bbc.co.uk/2/hi/4875026.stm

[48] Nigel Farage (24 June 2016). "Nigel Farage's Victory Speech." The Guardian. https://www.theguardian.com/commentisfree/2016/jun/24/ nigel-farage-ugliness-bullet-fired (Accessed on 28 Aug 2018)

最多席次（73席占了27席）。

　　這就造成了一個可怕的現象，獨立黨越是獲得支持，兩大黨越是被迫跟進，特別是有失去執政權的在野黨需要操作疑歐議題，使得支持者回流。這迫使原本就以疑歐態度贏回政權的保守黨，對歐盟政策更加向疑歐派靠攏，甚至在2015年的大選以脫歐公投作為競選的政見。不確定的結果是全面的，當執政黨利用疑歐盟政策以迎合選民，將英國全面帶入一個不確定的未來，首相被迫辭職，而新任首相梅伊（Theresa Mary）在缺乏民意基礎下鋌而走險，於2017年提前大選，雖然保住第一大黨的位子，卻也流失了30席國會席次。

　　從1990年代失去政權開始，保守黨就以疑歐作為政見，質疑工黨政府的親歐路線，一直都是歐元懷疑論的強硬派，英國獨立黨則是向來支持退出歐盟，並以此為志業；工黨一般而言從布萊爾開始都是支持歐盟，認為英國一定不能在歐盟缺席；自由民主黨與蘇格蘭國家黨則是堅強的歐盟派。然而2015年的選舉，選民選擇了讓疑歐的執政黨連任，並且取得比2010年更為明顯的勝利，保守黨從無法過半（全部共650席，過半需要325席）的306席次成長到330席，顯示當時投給保守黨的36%選民，就算不支持退出歐盟，大抵也贊成應由公投的方式決定英國是否退出。然而，值得注意的是，唯一堅決支持退出歐盟的UKIP，在大選中只有獲得1席國會議員，顯示對於退出歐盟與否，英國民眾還是非常遲疑，既擔心英國社會福利受到東歐移民與中東難民的影響，又擔心英國的退出會使其失去龐大的貿易利益。

　　回顧歐元區的債務危機，保守黨有效地操作物質分歧與疑歐政見，順利贏得了2010年、2015年、2017年的三次大選，[49]這是得利於歐盟高社會福利與中東地區戰亂所造成的歐洲難民潮，更助長了英國政治人物與民眾認為未加入《申根公約》並與歐盟保持距離是正確的。許多煽動歧視難民並鼓吹退出歐盟的想法，並以重新找回民族國

---

[49] Mark Leonard (2015). *The British Problem and What It Means for Europe.* European Council on Foreign Relations.

家主權爲號召[50]，支持度反應在最新的民調數據與各式選舉。UKIP在脫歐公投後雖然名存實亡，但是到了2019年的歐洲議會選舉，改名爲Brexit Party，依然繼續成爲歐洲議會英國第一大黨，可知確確實實有爲數龐大的英國人支持英國脫離歐盟，顯示這個國家在歐盟議題上、物質、理念，乃至於身分認同，都有嚴重的對立與分歧。

選民的投票行爲說明在全球化經濟轉型後，無法獲得經濟利益而擁有投票權的選民，紛紛將選票投給民粹政黨，[51]英國特殊之處在於傳統政黨爲了繼續執政，透過改變政策以吸納經濟弱勢選民，但也因此犧牲了自由主義的傳統，走向保守、排外主義。疑歐派的知識分子，認爲歐盟所揭櫫的法規與制度中，包含太多對商業的干涉，是打著自由主義的左派思維。特別是，歐洲有關勞工法與福利的社會規範，過度地向左派靠攏，導致經濟表現不好的會員國沒有能力支持太多的勞工福利政策，卻必須以借貸方式支持政府支出。原本期待歐洲整合創造出較佳的經濟表現，但卻是造就出強者越強，弱者越弱的情勢。帶著這些思維，獨立黨／脫歐黨不可避免地走向反區域整合。

UKIP的崛起與向來以言論大膽著稱的法拉吉（Nigel Farage）有著密不可分的關係，他粗魯無理的言論取得媒體的焦點，從而吸引許多選民的支持。從2009年該屆當選13名歐洲議員（第二高席次，得票率16.5%），到2014年得票率大幅提升到27.5%，成長了11%，獲得了24個席位。[52]而上一屆的歐洲議會最大黨是當時還在野而於2010年獲

---

[50] Christopher Hope (04 Mar 2015). "Nigel Farage: Ukip would ban terminally-ill migrants from Britain." the Telegraph, www.telegraph.co.uk/news/politics/ukip/11449519/Nigel-Farage-Ukip-would-ban-terminally-ill-migrants-from-Britain.html

[51] Sean Hanley (2015). "All Fall Down? The Prospects for Established Parties in Europe and Beyond." *Government and Opposition*, 50(2), pp. 300-323.

[52] Amir Abedi and Thomas Carl Lundberg (January 2009). "Doomed to Failure? UKIP and the Organisational Challenges Facing Right-Wing Populist Anti-Political Establishment Parties." *Parliamentary Affairs*, 62(1), pp. 72-87.

得執政的保守黨，上次獲得了26席，已經執政五年反而掉到第三名，大幅衰退只剩19席，這的確給卡麥隆很大的警訊。不過2009年還是由工黨政府執政時期，在歐洲議會選舉也是第三名。觀察歷屆歐洲議會選舉結果，最高席次一直都是在野黨取得，而UKIP從1999年起第一次取得歐洲議會席次（3席），僅花十五年的時間一躍而為第一英國歐洲政黨，這樣的速度的確驚人，而配合著英國融入歐盟單一市場的經濟成果，則解釋了UKIP獲得支持真正原因正是越來越多英國人質疑歐盟為英國帶來的好處是否只及於財團，打開國家疆界後，英國更多的有錢人搬離英國，更多的歐洲窮人搬入英國。

以UKIP的選民結構來分析，他們不僅來自於保守黨，很大一部分也來自於工黨，如前所述，UKIP選民結構主要是來自於工人階層。因此，在各式選舉中，那些財務陷入困境、對大量中東歐移民不滿，社會上又不具備競爭優勢的選民，選票大量流向UKIP與保守黨。這對工黨的親歐路線就形成壓力，被迫跟執政黨採取一致的立場反對Juncker擔任2014年屆的歐盟執委會主席，就是工黨對歐政策轉向的最佳例證。[53]不過其親歐的形象要被改變其實並不容易，不會因為一項決定而有什麼太大的效果，從2010年至2020年四次大選皆失敗就是最好的例證。

再以選民的身分認同角度觀之，整體英國經濟實力雖然上升，但是勞動階層可支配所得成長停滯，而歐盟東擴帶來廣大的中東歐勞工移民，強化了英格蘭的民族認同（不含Welsh、Scottish、Northern Irish）的危機感，從而刺激了民族主義的高漲與排外勢力的支持度，這是從2004年起到2016年的民族認同數據可以看到的變化。特別是英格蘭選民占全英國85%，當英格蘭人民族認同產生變化，從接受歐洲

---

[53] the Guardian (9 June 2014). "Labour opposes Jean-Claude Juncker as next European commission president." http://www.theguardian.com/world/2014/jun/09/labour-opposes-jean-claude-juncker-european-commission-president

身分認同到排外歐洲身分認同，就足以主導整個公投結果。[54]

　　英國保守黨從將英國帶入共同體的旗手，變成是疑歐派的操弄手，不僅反對歐元，也反對更多的政治整合，然而反歐的旗幟卻在執政的情況下在歐洲議會的選舉輸給了UKIP這種民粹型的政黨。根據Joe Twyman的說法，UKIP能夠有效地集結大部分對現狀不滿的英國選民，也就是說，英國選民將現狀的不滿投射到歐盟與執政的保守黨。[55]觀察英國民眾對當前經濟發展感到焦慮的情形，即可窺見問題之所在。根據英國商會的調查報告，由於長期不確定性，不斷上升的商業成本和全球經濟放緩的壓力，英國經濟在2019年底陷入停滯。占經濟生產近80%的服務業更在同年的最後一季惡化，工廠的出口和國內訂單指標出現十年來首次連續兩個季為負。[56]國內經濟惡化會使得移民議題已經不再只是社會議題，甚至是經濟問題的來源之一，高達46%的英格蘭人認為移民使得他們薪資與終身工作都受到嚴重的影響。在2010年以前，移民根本排不上英國人心目中最重要的議題，現在則是穩居最重要議題的榜首。

　　整體對未來經濟的悲觀，勢必影響英國選民對於歐盟所倡導單一共同市場的信念。歐盟最重要的核心精神是人員、貨物、資本與服務的自由流通，而今英國面對此一原則所帶來的大量移民傷害了英國經濟，諸如降低了薪資、占據社會福利與提高消費水平，無怪乎當時保守黨會以脫歐公投為競選策略。在脫歐公投之前，保守黨政府因應歐盟與國內疑歐團體的雙重壓力，大力呼籲歐盟維持一個穩定成功的

---

[54] Ailsa Henderson, Charlie Jeffery, Dan Wincott, and Jones, R.W (2017). "How Brexit was made in England." *The British Journal of Politics and International Relations*, 19(4), pp. 631-646.

[55] Chatham House, London (31 Mar, 2014). "UKIP, the Radical Right and the European Parliament Elections." http://www.chathamhouse.org/events/view/197474#sthash.Wcb7sdGX.dpuf

[56] Julia Kollewe (2 Jan 2020). "UK economy in stagnation at end of 2019, survey shows." The Guardian.

歐元區有助於英國，但是相對應解決危機英國應需付出的努力，當時的首相卡麥隆就不願意做。舉例而言，歐盟的主權援救基金（the EU sovereign rescue funds）可以保護英國的金融部門，但是英國卻以此乃新的財政協約，對會員國的中央財政預算有更大的監督權，同時必須將平衡預算入憲，而拒絕加入。[57]同時為了解決歐債危機所提出的增加歐盟預算，英國也就理所當然地成為反對陣營的先鋒。脫歐的結果，可說是卡麥隆政府操弄疑歐的苦果，一方面不配合歐盟政策，又呼籲民眾公投票投留歐陣營，這種無法一致的行為與說詞，自然造成社會理念的分歧。

大部分的研究都顯示離開歐盟後的選項並不樂觀。若是像挪威的做法，加入歐洲經濟區，英國可以進入歐洲單一市場，但失去市場規則的發言權；或是像土耳其—歐盟此種關稅同盟，不但失去歐洲單一市場，而且必須接受共同對外關稅；還有一種像瑞士—歐盟般的締結雙邊協定，英國還是必須受制於比自己強大得多的貿易夥伴。總而言之，想要像法拉吉所稱的只要歐盟的市場而不受歐盟法的規範是不可能的，英國要進入歐洲市場，就必須接受歐盟的法規，將現行歐盟法規視為洪水猛獸，正象徵著親歐疑歐利益與價值無法妥協。

對英國選民最重要的問題是，脫離了歐盟，擺脫了移民，英國的經濟就得到了救贖了嗎？法拉吉質疑，我們原本要的是貿易，結果變成了政治聯盟，變成了移民的天堂，變成了法律是由陌生人制定的。[58]然而，不再享有歐盟市場的英國經濟仍會表現良好嗎？就數據而言，2019年英國出口到歐盟占英國總出口額的43%，自歐盟進口則占英國總進口額的51%。[59]不過，一份Open Europe的研究顯示另一

---

[57] BBC (2 March 2012). EU fiscal treaty to control eurozone budgets. http://www.bbc.com/news/world-europe-16057252

[58] "UKIP Nigel Farage vs Nick Clegg." BBC Europe debate, 2 Apr. 2014. https://www.youtube.com/watch?v=vxOWZfiWwaM

[59] Statistics on UK-EU trade (15 July 2020). The House of Commons Library, the UK. https://commonslibrary.parliament.uk/research-briefings/cbp-7851/

個層面的思考，英國的GDP主要由服務業貢獻，達78%，而其中只有3.2%是由與歐盟貿易產生。[60]UKIP正是以這樣的經濟數據認為歐盟對英國的傷害遠大於貢獻，然而脫離歐盟的英國，服務業，特別是金融服務業還能如此占據重要的地位嗎？答案顯然是不能。[61]這個就是典型歐盟整合困境，會員國皆只想要整合的好處，然而又不願承受整合所帶來的後遺症。

早在脫歐公投之前，歐洲改革中心（Centre for European Reform, CER）出版「The Economic Consequences of Leaving the EU」，探討英國離開歐盟後之經濟後果的報告，結論是英國若退出歐盟則會缺乏影響力，若留在歐盟則缺乏獨立性。[62]在魚與熊掌不可兼得的狀況下，報告建議留在歐盟的經濟結果要好得多。而當時（2014年）英國YouGov民調也顯示出，在歐洲議會選舉結果出爐後，英國人意識到脫歐的可能性越來越大，反而激發了想要留下的意願，留歐派領先脫歐派8%，是2010年以來YouGov第一次展開此民調中，領先最多的一次。[63]從長期民調的觀察，一個不爭的事實是，對於留歐與脫歐的看法，英國早已分裂成兩個陣營，彼此難以溝通，而彼此接近的支持度會造成雙方相持不下，其實更深化物質與身分的分歧。

這就是為什麼英國2016年舉行脫歐公投，卡麥隆辭職下台，繼任者梅伊歷經三年時間與國會周旋卻無法獲得議會的支持，最後只好辭職下台，2019年7月24日換上強森（Boris Johnson）上台後，仍然不斷地跟國會進行折衝而不可得同意。最後，強森以2019年12月12日舉

[60] Stephen Booth and Christopher Howarth (June 2012). "Trading Places: Is EU membership still the best option for UK trade?" Open Europe.

[61] John Springford, Simon Tilford, and Philip Whyte (June 2014). "The Economic consequences of leaving the EU: The final report of the CER commission on the UK and the EU single market." Centre for European Reform.

[62] Ibid.

[63] http://yougov.co.uk/news/2014/06/17/eu-referendum-record-lead/

行提前大選，帶領保守黨贏得過半的365席，創下保守黨1987年大選以來的最佳席次，才能如願以償地於同月20日國會正式批准英國2020年1月31日脫歐，並有十個月的時間與歐盟談判自由貿易協定。這三年半的時間，就是雙方陣營不斷地內耗，最後強森以「拿回控制」（take back control）戰略性贏得過半的支持。

六、改變歐洲秩序對英國與歐盟的影響

這麼長時間的協議，也展現英國不應該離開歐盟，但是既然要離開，就要盡量跟歐盟談判取得更好的會員資格，譬如說更多的獨立性，以及更少的歐盟預算分擔金，而英國的疑歐派民眾就成了執政黨跟歐盟談判新的減免額最好的籌碼。不過雙方談判進度並不好，除了Covid 19的影響，各自首席談判代表英國佛羅斯特（David Frost）與歐盟巴尼耶（Michel Barnier）都分別感染冠狀病毒之外，大部分的會員國支持歐盟對英國採取更強硬的談判態度，[64]以免有更多的會員國因民粹疑歐政黨的上台也走上脫歐之路。

毫不意外地，脫歐談判處於左右為難的困境，既不能對英國太過寬容，但也不能對英國太過於苛刻免得兩敗俱傷。德國總理梅克爾即表達想要與英國達成協議，但是對於特定領域，像是歐盟人員自由流動、勞工移民的非歧視等，是絕對無法妥協。這意味著英國政府想透過英國例外的條約，實質脫歐但是保留各項原本權益是不可能的。區域秩序一旦被改變，當然是以力量決定新秩序內涵，英國對上德法為首的歐盟，經貿力量明顯地不對等，無法由英國主導新秩序與新安排。事實證明強森政府最後被迫在愛爾蘭海建立新的監管和海關邊界，從英國到北愛的貨物只要沒有進入歐盟地區就不會被徵收關稅，

---

64 Daniel Boffey (13 Feb 2020). "Brexit: Macron pushes for tougher EU negotiating position." The Guardian.

這幾乎是一國兩制，在貿易上把北愛跟英國切開，引起北愛各個政黨很大的不滿。[65]

另一方面，加入歐盟超過四十年來，英國的各項內政與外交等政策，都受到了英國之歐盟會員身分是否繼續此議題之影響，早已成功地融入了歐盟。英國與其他27個會員國都有重要的政治經濟關係，與北約以及美國的關係更是英國最重要的外交與安全事務，英國的外交政策更是有許多歐盟層面的要素，退出後對於歐洲秩序，甚至是國際戰略秩序都有深遠的影響。脫歐前英國的重點是在於更大程度地對歐盟發揮主導性的力量，不讓歐盟往超國家主義方向發展。英國否決發展「更強大的歐盟共同安全與防禦政策」（A stronger EU Common Security and Defense Policy, CSDP）即為一例。尤有甚者，更在2011年時拒絕建立一個單一的指揮歐盟軍事任務總部的提案，也是惹惱了其他會員國。

英國長期被批評的就是，其一直熱切地希望保有在歐盟單一市場運作的位置以保護英國利益，卻不願付出維護成本，這就變成歐盟對英國的施壓，不能只想享權利不盡義務。對倫敦而言，支持在歐元區內對財政和銀行問題有更加緊密的整合乃是解決危機的重要辦法，但是對於決策圈僅在19個歐元區國家所組成的小圈子，邊緣化其他非歐元區國家的參與權並不合理，因為政策影響全部的會員國，顯見共同貨幣歐元有其先天的困境，不是國家而執行主權國家才有的貨幣政策，的確會造成困境。這點出了歐盟整合雙速制的困境，如何包容會員國間之經濟結構的差異與發展程度的不同，還是有賴於建立有身分認同的區域秩序。[66]

---

[65] Arthur Beesley and Andy Bounds (29 January 2020). "Business checks on Irish Sea trade loom as next flashpoint." Financial Times.

[66] Charles P. Ries, Marco Hafner, and Troy D. Smith (2017). *After Brexit: Alternate forms of Brexit and their implications for the United Kingdom, the European Union and the United States*. Rand corporation, pp. 2-3.

七、小結

綜觀歐盟這幾十年所建立的區域政治經濟秩序，從空間層面上而言，國內的政治變化到國際的全球化挑戰，區域秩序必須改變；從認知層面而言，會員國內與會員國間的物質力量差距不斷擴大，必然導致理念與身分的分歧。英國會成為第一個脫歐的國家，正是主流民意缺乏對歐盟的身分認同，經濟與移民只是坐實民意疑歐的理由。歐盟政治整合的困境，就像全球化的困境一樣，自由主義國際秩序創造了贏家與輸家，歐盟亦然。疑歐派的崛起不是源自歐盟的誕生，而是物質分歧，越來越嚴重的貧富差距，會造成社會的多數，也就是經濟的弱勢者產生質疑，為什麼銀行家在歐債危機中得到政府的拯救，而基層的老百姓卻是被撙節政策傷害。

歐盟各國領導越是想要追求經濟進步以照顧更多弱勢族群，發現在區域整合與全球化之下，個別國家很難獨善其身，或是只憑藉各自努力就能解決國內經濟問題。如何有效地解決區域整合產生的後遺症：物質與理念分歧並導致區域秩序無法維繫，這就有賴德國、法國與其他占有比較優勢的會員國的合作，展現核心會員國對邊陲國的歐盟共同命運體。[67]歐盟回應各國疑歐派的挑戰時，應該以經濟優勢的會員國帶頭展現命運共同體的誠意，給予缺乏比較優勢的會員國足夠的補貼與尊重，才是化解疑歐派的疑慮與挑戰。這次Covid 19後的復原計畫，所幸各國以四天時間克服節儉國與其他會員國的歧見，達成7,500億歐元的復原基金協議。[68]否則，從歐盟疫情過後的經濟將無從復甦。

雖然歐洲區域秩序的維繫相較於全球秩序來得容易，仍然發現自由主義秩序所造成的困境是一樣的，仍然因為無政府狀態而無法解

---

[67] Charlemagne (25 Jun 2020). "Germany is doomed to lead Europe." *The Economist.*

[68] Europe (21 Jul 2020). "EU leaders agree on a massive, €750bn covid-19 recovery deal." *The Economist.*

決「分配」與「治理」的困境。那麼，什麼樣的秩序能夠嘉惠這些民主、自由市場的公民？歐盟的輔助性原則或許是歐盟未來可能的方向，無論歐盟各機構如何的發展與被授權，實際掌有歐盟權力還是保留在會員國身上，沒有會員國的支持，歐盟整合就應放緩腳步避免過度整合而利益分配不均，影響區域秩序的穩定。歷經疑歐、民粹、恐怖攻擊、難民潮與英國脫歐，都帶來一連串的政治效應，歐盟還是必須回到各自會員國的身上，解決物質與理念的分歧，才有可能創造身分認同，使得歐洲繼續作為國際秩序穩定的力量。

英國對歐盟的政策、英美的關係，與英國在全球的地位，都帶來衝擊，顯示全球秩序的重組，從重要國家內部巨大變化開始。這是經濟、價值、身分與戰略的全面性改變，因為長期以來，英國一直是歐盟「Big Three」之一，英國脫歐公投激勵很多疑歐政黨也想仿效，導致歐盟與主要會員國都想借由強硬的脫歐談判，傳達不能輕易脫歐的訊息，否則會對歐洲秩序帶來更激烈的變動。

世界遇上川普執政單邊主義的母國，更是惡化了傳統的跨大西洋夥伴關係，且面臨駐歐美軍大幅換防，就顯得搖搖欲墜。英國帶動歐洲疑歐主義，英國獨立黨也引領民粹風潮崛起，特徵就是對現有秩序的不滿，要求改變現狀而獲得許多經濟落後者、文化選民的認同。事實上，脫歐撕裂英國社會就像台灣統獨議題撕裂台灣一樣，在很多層面已經缺乏理性思考。脫歐與統獨當然本質上完全不同，可是一樣都將國家內部撕成對立面，雙方之間已無理性溝通的空間，非常值得吾人深思。脫歐談判已經歷經二任首相，至2020年9月還是無法完成脫歐協議，這種困境，對於英國、歐盟，乃至於國際秩序的影響，都是非常深遠。

耳裡，相當地不舒服，認為一旦在反送中事件採取退讓的姿態，必然造成政權極度的不穩定。換言之，對中國領導人而言，香港反送中運動乃是對共產政權的一種挑戰。為反制國際社會的關切與壓制香港異議人士的活動，在2020年6月30日在全國人民代表大會通過「香港國安法」，以國內法方式將一國兩制改為一國一制。而歐盟對此發表聲明將限制向香港出口關於監視的設備和技術，[2]對此中國外交部當然又視之為干涉中國內政。由此觀之，經過時間發展而關係轉變的歐中關係，將在重組中的全球秩序中扮演關鍵的第三方角色，關鍵因素在於美中形成價值與意識形態的對抗，原有秩序無以為繼。

　　前面幾章以空間與認知層次，分析美國霸權衰退因素，也闡明歐盟因為歐債危機、難民危機，已經先後引發了經濟與政治的災難，英國也陷入可能無協議脫歐的混亂，[3]導致秩序重組，那麼接下來就必須思考中國和歐盟的關係，因各自物質力量的變化，從合作開始走向夥伴關係，後因美國的介入又使得蜜月期戛然而止。現在的政策受到過去經驗的影響是難以避免的，時間能改變國家的認知，當感受到國際威脅在時間上的接近，會在地緣政治上針對外交與經濟決策做出調整。因此，本章將納入結構性方法，以中國的歐盟政策因時間的變化，解釋全球秩序重組的原因。

二、時間層次下中國外交思維的演進

　　歐中雙方往來雖然是全面性的，但仍然主要集中在貿易，根據歐盟委員會的統計數據，2018年歐盟對中國貿易額達到6,050億歐元，比起2000年有三倍的成長，可看出雙方經貿增長的速度。[4]相對地，

2　Euronews (29 July 2020). "China warns EU not to interfere in Hong Kong matters."

3　The Economist (7 Sep 2019). "Boris Johnson's Unconservative Party."

4　European Commission: trade. http://ec.europa.eu/trade/creating-opportunities/bilateral-relations/countries/china/ (Accessed on 19 February 2010)

歐盟也是中國最大的貿易夥伴，不過歐盟對中國的貿易並不均衡，赤字達1,850億歐元。[5]這些數據表明歐中雙方關係是從貿易的需求，隨著時間線性的前進而拓展範圍，包括投資、技術轉讓、高科技合作、政府貸款和許多合作項目等。[6]不過，在軍事和安全領域，歐盟並不像美國那樣重要，因此，美中之間像是競爭對手，而歐中間則偏向合作夥伴。美國可以出售武器給台灣，但是歐盟則不行，純粹是中國經濟實力制裁不了美國，卻能對歐盟會員國造成個別損失大於軍售利益的影響。簡言之，歐盟的整體經濟實力雖然超越美國，但是歐盟由於不是一個國家，也不願意與中國採取衝突的政策，導致北京能夠採取分而治之的戰略應對布魯塞爾。為了深入了解歐中關係發展脈絡與中國崛起的關聯，先從歷史的背景加以闡述。

自中國強調和平崛起開始，經常強調世界的多極性和建立新國際秩序的必要性，此新秩序將更多地依賴多邊合作，上一任國家主席胡錦濤在聯合國成立六十週年演講的題目即是：「建設持久和平、共同繁榮的和諧世界」，從「堅持多邊主義實現共同安全；堅持互利合作，實現共同發展；堅持包容精神，建設和諧世界」可以看出，多邊與多極化的概念在中國的外交政策中占有突出地位，而且在1990年至2010年間的大多數官方聲明中已被包含或提及。不過，當時國際體系還處於單極，而且沒有轉向更加多極化的大國平衡，[7]同時也符合已故鄧小平的「韜光養晦」政策。

胡錦濤時代意欲推動多極化的途徑是因為可以降低美國主導單極的國際秩序，這樣中國就不必直接對抗美國，從而創造一種旨在避免

5　Eurostat (4 September 2019). EU-China trade in goods: €185 billion deficit in 2018.

6　Song, X. (2006). "Strategic Elements of EU-China Economic Relations." in Defraigne, P. (ed.), *The EU, China and the quest for a multilateral world*. China Institute of International Studies & ifri, p. 48.

7　Gill Bates (2007). *Rising Star: China's New Security Diplomacy*. Washington, Brookings Institution Press, p. 3.

中美直接衝突的局面。自2003年起，北京開始談論中國和平崛起的概念，正是北京公布其歐盟政策的同一年。中國的和平崛起是中國官員和學者用來描述二十一世紀初國家外交政策方針的一個詞。這一概念目的在於將中國定位爲一個負責任的世界領導者，強調軟實力，並承諾中國在干涉世界事務之前，將先致力於解決自己的內部問題，改善本國人民的福祉。「和平」的用意在於強調：中國將力圖避免不必要的國際對抗。總的來說，這種「和平崛起」是二十一世紀第一個十年中，中國外交政策的基本原則，至少在言辭上是如此。

但是到了習近平的有所作爲，已然導致直接衝突成爲必然。全球化的過程中，中國成功地將自身融入世界的主流，世界工廠的成功使得產業鏈完整地集中在中國各個商業重鎮，其他國家難以取代。如第一章所述，當前世界已然變成不平衡的多極體系，全球化的進程也遭逢民粹主義的反對，過去各國支持歡迎的中國和平崛起，「現在」已經轉變爲「聽其言、觀其行」。對照二十一世紀第二個十年的一帶一路，中國過去強調和平崛起已然不復存在，反而是南海的擴軍與建礁引起周遭國家的緊張。因此，有必要回顧一下推動中國從「韜光養晦」到「有所作爲」轉變的因素是什麼？[8]因爲這種轉變也涉及中國對歐盟政策從多邊轉向雙邊的轉變，歐盟會員國也比歐盟更爲擔心。

首先，自1995年以來，中國在「韜光養晦」政策時期積極發展與歐盟的關係。[9]其次，隨著中歐蜜月期的結束，中國的歐洲政策進入了「有所作爲」政策時期。如果不考慮世界體系格局與國際秩序隨著時間而轉動，將會誤解中國的歐盟政策。換句話說，推遲解除對中國的武器禁運及其不斷增長的經濟實力，反而讓北京更有決心走向「有

8　Bonnie Glaser (16 Jan 2008). "Ensuring the 'Go Abroad' Policy Serves China's Domestic Priorities." Association for Asia Research. http://www.asianresearch.org/articles/3010.html

9　Michael Pillsbury (2000). *China Debates the Future Security Environment*. National Defense University Press, p. 33.

所作爲」政策。此外，在美國介入武器禁運之前，中國政策決策者認爲歐洲將成爲建設多極體系的重要全球夥伴。然而，由於歐盟在美國壓力下的妥協令北京徹底覺醒，認爲由於歐洲與美國的跨大西洋夥伴關係在涉及到傳統軍事安全時將難以撼動。因此，北京不認爲歐盟有能力平衡美國的外交政策。

回顧鄧小平的「韜光養晦」政策，其戰略背景是處於冷戰剛結束之時，當時美國與蘇聯都還是掠奪性霸權，中國的改革開放必須低調地進行，結合清代思想家鄭觀應的「盛世危言」的論點，提出避免與西方直接對抗，主張「冷靜觀察、穩住陣腳、沉著應付、韜光養晦、有所作爲」的方針，強調反霸權，不干涉他國內政，與第三世界站在一起，絕不當頭的政策，[10]言簡意賅地指出當時中國導領班子應該走的戰略。此外，這一戰略也是爲了應對天安門事件的危機而制定的。1989年6月天安門悲劇發生後，中國正在經歷外交孤立，西方主要國家與日本對中施行經濟制裁和武器禁運。毫無疑問，如果不適當應對，這些國際制裁將會嚴重地傷害中國基本經濟發展和增長。因此，鄧小平於1990年3月採取了「反霸權」和「多極化國際秩序」的政策，並將這兩項政策概括爲「韜光養晦、有所作爲」的原則。[11]在習近平上台前，和平崛起與韜光養晦一直是中國外交政策的主流，這種對外關係與宣傳保持克制與內斂，因應國家總體經濟實力達到世界第二之後，如果還要繼續保持經濟增長，就不得不對外擴張。而且，中國早已走出自天安門事件的制裁，[12]在南海採取擴軍建礁，對2019年6月香港爆發「反送中」事件採取強硬立場，「韜光養晦」的概念與精神，早已不復存在。

---

10 謝益顯（1999）。〈中國當前外交的特點和方略及其重要性與長期性〉。文載於《後冷戰時期的中國外交》，頁33-54。

11 許志嘉（1997）。〈鄧小平時期的中共外交政策〉。《問題與研究》，第36卷第7期，頁35-58。

12 閻學通（2005）。《中國崛起及其戰略》。北京大學出版社，頁4。

　　其實早在二十一世紀之初，中國綜合實力已經達到一定的程度，北京決定開始進一步發揮「有所作爲」政策，其中包含多極國際秩序戰略。中國領導人將「有所作爲」與中國和平崛起聯繫起來，其中包含了新的安全觀念。最初，這個概念被當時中國共產黨中央黨校副校長鄭必堅於2003年底在博鰲亞洲論壇期間發表的講話中使用。[13]中國總理溫家寶在東盟會議期間以及訪問美國時也重申了這一點。值得注意的是，它是胡錦濤和溫家寶所領導中國第四代領導班子的早期倡議之一。鄭引用了Mearsheimer的觀點，即新勢力的興起往往導致全球政治結構發生劇烈變化，甚至引發戰爭。他認爲這是因爲這些權力「選擇了侵略和擴張的道路，最終將失敗。」鄭說，在今天的新世界中，中國應該和平發展，同時又有助於維護和平的國際環境。

　　中國將和平崛起變成積極的宣傳話語，有助於中國獲得正面的聲譽，並減輕「中國威脅」的影響。正如鄧小平所說的，中國領導階層意識到中國在其他國家的聲譽，應該是他們評估中國意圖的主要因素，以及各國對中國崛起的相對回應能力。[14]事實上，對「中國威脅」看法也導致一些歐盟成員國要求歐盟對中國採取遏制政策，如果成功，自然會破壞北京在經濟發展中的專注力，分散一部分力量到傳統國防安全方面。因此，中國外交部與龐大的外交官們，以大外宣的方式積極努力消除中國的威脅論點。對鄧小平而言，中國發展「和平崛起」的話語，就可以減緩「中國威脅論」對中國的潛在威脅。[15]

　　如同其他大部分已開發國家，中國的外交政策懂得服務於經濟增長的需求。前中國外交部長錢其琛所說：「外交是內政的延伸……穩

---

[13] Chinese State Council (22 December 2002). *China's Peaceful Development Road.* http://english.peopledaily.com.cn/200512/22/eng20051222_230059.html

[14] Robert Suettinger (2004). "The Rise and Descent of 'Peaceful Rise'." *China Leadership Monitor*, 12(2), p. 3; Alastair Iain Johnston and Robert Ross (eds.) (2006). *New Directions in the Study of China's Foreign Policy.* Stanford University Press, p. 186.

[15] Ibid., p. 189.

定的政治形勢和不斷發展的經濟爲外交工作創造了有利條件。」[16]重要的是要理解，中共執政合法性的主要來源是建立在經濟發展的基礎上，經濟必須持續增長成爲支持中共合法性的重要因素。這與歐洲民主國家有著根本的不同──合法性來自於選舉。目前，中國正面臨著三個嚴重差距的困難──貧富之間、城鄉之間、東西之間（沿海地區和內陸地區）。這種情況決定了中國不能失去最大的貿易夥伴──歐盟。雖然2009年全球金融危機後，中國相當成功建立起國家內需增長，並擺脫對歐美國家出口的依賴，但美中貿易戰使得中國更加重視與歐盟的貿易關係，全力避免歐美聯手打擊中國。

因此，向歐盟開放市場、歡迎外國投資、設立自由貿易區與推動人民幣國際化，被視爲維持中國經濟增長的關鍵政策。事實上，正如金正日所說，中國經濟，出口和外國投資的增長使中國成爲經濟全球化的贏家。[17]實際上，與1990年代中國認爲全球化是對其主權的威脅以及煽動國內不穩定的陰謀不同，胡錦濤改變過去的想法，承認國內穩定和中國國際安全要求中國參與全球化。雖然中國是全球化的利益相關者，但是自歐債危機之後，新一代領導人就認爲，目前的全球化遊戲規則（終結強迫技術轉讓、遏止對產業的政府補貼、保護智慧財產權）既不適合中國的利益，也不會減少「中國威脅論」的焦慮。作爲一種選擇，從中國的角度來看，與歐盟的接觸不僅要保持全球化的優勢，還要引導歐盟跟中國一起改寫全球化的遊戲規則。

三、時間層次下中國的歐盟政策

時間層次指的不是年份的時間點，而是對於現行國際秩序、鄰國

---

[16] Zhiyong Lan, Weixing Hu, and Ken Q. Wang (1999). "The Growing China and Its Prospective Role in World Affairs." *The Brown Journal of World Affairs*, 6(2), pp. 43-61.

[17] Alastair Iain Johnston and Robert S. Ros (2006), Ibid., p. 40.

或是往來國家帶來威脅的認知會隨著時間而變化。北京決策者對中國外交政策優先考慮的核心，隨著時間與雙方物質力量的變化而進行調整。在解除武器禁運的努力失敗之前，中國領導人傾向於中美與中歐關係是平等的。實際上，中國學者認為前者對於中國更為重要，不僅是因為美國的科技和軍事力量，還有中國是美國最大的外國債權國。根據中國文獻，主流觀點是：第一，中國在很多方面與歐盟有更多共同點，並願意從歐洲經驗中學習；第二，雙方都不想要單極世界；第三，中國會希望，甚至是期待歐盟作為對美國的平衡，但是很快地發現這是太低估美國的想法。[18]

　　北京早期，也就是1990年代，認為與歐盟的戰略夥伴關係應有助於促進「全球多邊主義」，即「國際關係民主化」[19]，希望歐盟成為一個新的強權，雙方可以共同合作推動多邊環境並隨後限制美國在世界事務中採取單邊做法。千禧年之後，北京開始在全球建立戰略夥伴關係，強化中國在全球戰略角色與地位，慢慢將經濟力量轉為國際事務影響力。因此，中國與歐盟、部分會員國建立了戰略夥伴關係，這一舉措提升了中國的國際地位，逐漸形成一超多強的國際秩序。中國當時多極化的想法得到了時任法國總統席哈克（Jacques René Chirac）和德國總理施洛德（Gerhard Schroeder）的支持。儘管中歐結盟以平衡美國霸權地位的戰略願望已經被美國干預打破，但其他發展中國家和未開發國家尋求與中國結盟以抵消美國的首要地位，在二十一世紀之初，中國已經在許多國際組織中實現。

　　然而，與歐盟—美國關係相比，中國與歐盟在政治體與價值規範

---

[18] Xiudian Dai (2009). *Understanding EU-China Relations: An Uncertain Partnership in the Making*. Centre for European Union Studies, The university of Hull; Jing Men (2006). "Chinese Perceptions of the European Union: A Review of Leading Chinese Journals." *European Law Journal*, 12(6), pp. 788-806.

[19] Fraser Cameron and Zheng Yongnian (2007). "Key Elements of a Strategic Partnership." in Crossick, S. and Reuter, E. (eds.), *China-EU: A Common Future*. World Scientific Publishing, p. 4.

上沒有共同點。其次，中國既不想要單極體系，也不想要多極體系。中國是否最終與美國一戰，歐盟更是平衡美中兩強的關鍵，這是對歐盟最有利的戰略地位。此外，北京無法分化美國的外交政策，但能夠通過歐盟委員會或其會員國分裂歐盟的外交政策。雖然歐盟是世界上最大的貿易集團，但即使是德、法、義三巨頭也都是中等規模的國家。也就是說，任何一個會員國都很難拒絕華盛頓或北京的經濟壓力。此外，「中國希望將歐盟視爲對美國的平衡」的觀點已經過時，因爲北京已經從聯歐制美的夢想中醒悟過來。實際上，歐盟與美國共享相近的規範、價值觀、基督教文化、政治制度，這些都與中國截然不同。如同現實主義的主張，歐盟只是爲了自己的利益而平衡美國，而不會是爲了中國或是其他國家。不僅如此，如果歐盟要是真的在外交上有一致的聲音，那反而會強而有力地挑戰中國的人權與貿易政策，而非美國去抗議的中東政策或反恐政策。換句話說，中國不會受益於強大的歐盟。

　　時間層次所強調的認知分歧，對於北京決策者來說就是要強迫中國接受西方的規範、價值觀與人權。事實上，因爲中國向來也是忽視歐盟和會員國對中國人權和政治制度的批評壓力，並從哲學的角度來批判歐盟的規範性權力（Normative Power）是無視中國二千年歷史的政治文化。[20]的確，歐盟在歷經多次擴張，並享有經濟優勢的年代，逐漸展露想要領導世界的雄心。雖然知道自身缺乏硬實力，因此以「世界價值觀導師」，關注「後物質主義」和「後現代主義」的價值優勢，缺乏對中國發展需求與價值觀的認識。歐洲在現代世界和現代價值觀中都蔑視中國。然而，得利於北約的存在，歐洲政治人物缺乏實質性的安全問題。歐洲政治人物想要「教化」中國，首要面對的就是意識形態的衝突，而最終的結果也顯得歐洲想法天真。實際上，想要教化中國的觀點反映歐洲人不了解中國政治與文化的思想。歐盟

---

20 Robert Ross, Tunsjø, Ø., and Tuosheng, Z. (eds.) (2010). *US-China-EU Relations: Managing the New World order*. London, Routledge, p. 116.

的規範權力是建立在自由主義的基礎之上，歐盟不僅想將自身歷史發展出的規範和價值觀傳道給中國，甚至是對所有的「非我族類」。無庸置疑地，從中國的角度來看，歐盟中國政策中的規範原則被中方視為歐中關係的威脅而必須拒絕的原則。

相對地，中國對歐盟的外交政策，自然是一個國家的戰略目標一致性，這當然得益於其中央政府的政治體制的特徵，即是不需要與國內其他政府機構或是利益團體協調政策。[21]這些特徵讓中國可以利用其自身的權威體制與歐盟民主制度之間的不對稱。也就是說，中國的專制政治制度可以產生更具戰略性的外交政策，並利用歐盟是國家組成的國際組織，其外交政策往往不一致也無法具有連貫性的特性。此外，歐盟外交官一直受到批評，對中國缺乏戰略觀與真正的認識。相比之下，中國官方具有戰略眼光的一致性，外交官都具有高層次戰略思想。

長期以來，中國對歐盟的大戰略除了經濟議題外，有兩個主要任務。一個是維護中國的主權和領土完整，特別是台灣、西藏與新疆問題，另一個是塑造新的國際條約和協議體系，這些體系和協議越來越涉及到武器出口、環境治理、軍備控制與人權等等領域。因此，中國與歐盟的安全目標完全不同。雖然中國已逐步向綜合性安全轉型，但其核心問題仍然是政治和軍事安全。相反地，歐盟已超越傳統安全並轉向非傳統觀念，歐洲領導人傾向於強調人類和社會保障，他們的支持措施包括一些因素，例如中國不同意的人道主義干預。[22]

隨著時間推進，中國經濟以雙位數增長超過二十年，歐盟對中國經濟增長和科技進步的貢獻變得越來越微妙，因為歐盟屈服美國壓力

---

[21]　Andrew Nathan and Robert Ross (1998), Ibid., p. 123.

[22]　Zhu Liqun (2008). "Chinese Perceptions of the EU and the Sino-European Relationship." in Shambaugh, D., Sandschneider, E., and Hong, Z. (eds.), *China-Europe Relations: Perceptions, Policies, and Prospects*. Routledge, pp. 148-170.

取消武器禁運並排除了中國承包商加入2008年的伽利略計畫。[23]北京清楚地知道，當涉及軍事和安全問題時，歐盟會屈服於美國行事。因此，北京傾向於敷衍布魯塞爾方面以便從歐盟會員國獲得更多利益。雖然歐盟的重要性不如美國或俄羅斯，但是考量到中國的安全問題圍繞著日本、南北韓、台灣、越南、緬甸以及印度和巴基斯坦（從東北到中國東南），除了美國日益增強的對抗壓力外，大多的議題並沒有急迫性。反而是如何以經濟力量增加對他國的政治影響力才是中國外交政策的優先考慮之一。正因如此，中國如果覺得被歐盟或其他會員國冒犯，會毫不猶豫地運用貿易訂單報復歐盟，因為歐盟很難團結一致地對付中國。

從政策制定的角度來看，中國的外交政策是由中國共產黨政治局決定的，相較於其他國家執政黨可說是最能協調各級政府政策的機構。最重要的是，其中外交政策是最有可能與國內政策相關聯的層面。因此，中國的外交政策可以迅速響應國內發展的需求。此外，在國務院系統中，外事辦公室處於權力結構的首位，負責協調涉及外交事務的四個部委的工作。外交部則控制外交和駐外使領館。對外貿易經濟合作部管理貿易問題，如歐盟對中國的反傾銷措施和知識產權保護的衝突。國家安全部的重點是邊境管制、外交安全和反間諜。

中國政府始終把外交政策視為中國國內政策的延伸，其核心是維持經濟的快速發展和社會穩定，以及應對經濟危機。Scobell在「美中經濟與安全審查委員會」的聽證會上表示，推動北京外交的三個最重要的動機是：確保國內穩定，與華盛頓保持良好關係，以及提升中國的國際地位。[24]但是從Covid 19疫情爆發開始，美中關係一去不復

---

23 Jose Carlos Matias (12 July 2007). "E.U.-China Partnership on the Galileo Satellite System: Competing with the U.S. in Space." *The Asia-Pacific Journal*, 5(7), pp. 1-5.

24 Andrew Scobell (18 March 2008). "Chinese Diplomacy Goes Global: Motives, Methods, and Mechanisms." Testimony before the U.S.-China Economic and Security Review Commission, Panel on Tools of China's Statecraft: Diplomacy.

返，歐盟對中國而言格外重要，因此對歐盟外交政策首要目標是：通過加強與歐盟的貿易關係來增強中國的國內發展，通過與非洲的歐盟合作獲得自然資源，提高其國際地位，並確保歐盟支持其對台灣政策。從這些目標來看，中國的目標顯然是基於經濟發展和主權完整性。為避免落入戰略三角理論的孤雛角色，中國需要歐盟勝過於歐盟需要中國。因此，北京仍然在與歐盟的合作與競爭關係之間小心謹慎。

中國於2003年與2014年分別公布了其對歐盟正式的官方政策。[25]一方面，中國在文件中讚美歐盟在世界上的權力和影響力，好像歐盟是一個真正的政治和軍事強權，這是北京擅長的外交術語。中國的歐盟政策更多時候是基於一個想像的大國，或者至少是中國官方希望歐洲人可以相信的理想目標，而不是基於持久的現實。[26]另一方面，北京採用漂亮的政治言論，像是「全面性策略性夥伴關係」，期待歐盟成為全球秩序平衡手，包含美中、日中、俄中等重要關係，來緩解歐盟對中國威脅的恐懼，但並沒有承諾任何雙邊關係的某些內容。不僅如此，北京擅長透過雙方的正式對話，然後將其變成難以確定的外交話語場域，也就是讓布魯塞爾的歐盟官員盡情地談論中國的人權問題，但是並不落實談話結果，而且運用歐盟會員國之間的分歧，降低人權議題帶來的壓力。[27]值得一提的是，中國不是唯一利用歐盟分歧的國家，美國和俄羅斯也都是如此，這是因為歐盟結構性的分歧才導致強權能有機可乘。

正因為這樣的分歧，北京在建立中歐關係時，也必須與每個歐盟

---

[25] Chinese Ministry of Foreign Affairs (13 October 2003). China's EU Policy Paper, the People's Republic of China;田君美（2017年11月）。〈習近平的國際戰略作為與國際形勢挑戰〉。《經濟前瞻》，第174期，頁20-26。

[26] Jean-Pierre Cabestan (2006). "European Union-China Relations and the United States." *Asian Perspective*, 30, p. 11.

[27] John Fox and François Godement (2009). *A Power Audit of EU-China Relations*. The European Council on Foreign Relations, pp. 8-9.

會員國保持雙邊關係。一方面，中國必須尊重歐盟作爲一個整體組織，另一方面，尊重每個主權國家的國家利益。事實上，對歐盟及其成員國的雙軌外交使中國有效率地經略歐洲事務。因此，剩下的問題是北京是怎麼做到的？中國採用經濟外交作爲工具，對歐盟及其成員國採取分而治之策略。

四、時間層次下的歐中貿易秩序重組

很多人也許會同意，中國的經濟是由長時間的努力，搭上歐美國家新自由主義政策，製造業大量移到亞洲，充分運用全球化的智慧供應鏈，並且得益於「和平崛起」的宣傳成功，除了美國與少數中國的鄰國，在川普展開貿易戰之前，很少國家視中國爲威脅來源。不僅如此，北京善於利用自己廣大的市場與豐沛的勞動力，吸引大量外資到中國設廠，成果就是一半以上的出口產品都是具有外國公司的資本。由於中國吸收的外國直接投資超過其他任何國家，因此它開始鼓勵其國內公司投資外國。早在2010年6月，時任中國副總理張德江訪問希臘時，中國和希臘簽署了14項合作協議，包括旅遊、海運、電信和希臘橄欖油出口的其他領域。[28]這幾年加上中國推出帶路倡議，希臘政府允許中國國營航運公司中遠集團在比雷埃夫斯港（Piraeus seaport）經營一個集裝箱碼頭，長期投資達34億歐元。此外，中國投資也聚焦於交通基礎設施、能源和電信，主要戰略目標在於降低中國產品的運輸成本，並改善進入歐洲與地中海市場的機會，進而增加市場占有率。[29]作爲全球最大的外匯持有者，中國國家外匯管理局於

28 Kerin Hope (14 June 2010). "China prepares to invest in Greek projects." *Financial Times*.

29 Plamen Tonchev, Polyxeni Davarinou (December 2017). *Chinese Investment in Greece and the Big Picture of Sino-Greek Relations*. Institute of International Economic Relations, pp. 6-15.

2010年7月以數億歐元的西班牙債券的債務交易購買了4億歐元（5.05億美元）的西班牙十年期債券。[30]這一類的投資不勝枚舉，中國與法國廠商合作參與的英國辛克利C核電廠也是一例，由此可知，中國對歐洲的布局時間既長，戰略眼光也深遠。

中國經濟與工業不斷的增長導致對自然資源需求上升，也推動世界石油、鐵、煤和其他礦產資源價格上漲。中國是世界上最大量的石油進口國家，引發歐盟擔心自然資源價格上漲會帶來商品價格通貨膨脹效應。此外，歐盟認為中國與非洲、中亞在內的石油生產地區的一些相當不穩定的政權建立了密切聯繫。然而，歐盟也享有從中國進口的廉價製成品而抑制物價上漲的好處。這種情況解釋了中國的經濟增長和巨大的國內市場已經轉化為政治和經濟槓桿力量，北京可以將歐盟貿易政策置於經濟誘惑或是經濟制裁。[31]實際上，北京全力與會員國發展友好的雙邊關係，通過其巨大國內市場對跨國企業的吸引力贏得許多善意，運用會員國在執委會反對不受中國歡迎的政策。北京的決策者善於發揮中國大型經濟體的優勢，吸引了願意合作爭取貿易和投資機會的歐洲朋友，歐盟駐中國代表團和中國歐盟商會即是致力於商業活動並獲得政府批准的兩個重要單位。不僅如此，中國政府也積極採購空中巴士、保險許可證和獲得大型投資計畫的批准，支持中國在歐盟的利益。

中國推出帶路倡議將其經濟實力進一步地向全球投射，並以市場力量贏得歐盟的支持。雙方貿易夥伴關係的重要性在歐美各國經濟力衰退時，雙方的戰略形勢也產生變化。中國的世界出口額從1.9%（1990年）增長到2016年至2017年時，已經是世界最大的商品貿易

---

[30] David Oakley and Anousha Sakoui (12 July 2010). "China offers Spain €1bn confidence vote." *Financial Times*. https://www.ft.com/content/69eb723a-8df3-11df-9153-00144feab49a

[31] David Baldwin (1985). *Economic Statecraft*. Princeton University Press, pp. 32-33, 39-50.

國，東西方在全球製造供應鏈地位的變化自然改變國際體系與秩序。[32]在川普上台之前，也有部分人認爲中國是一個挑戰者，認爲中國的未來將取決於是否有能力改變國際體系的基本秩序。北京在處理與歐盟的衝突時會以短期而且採各個擊破爲原則，否則會引起歐洲的眾怒。更何況，中國與歐盟的經濟關係是極其重要，在美中關係惡化之下，更顯穩住歐盟關係的重要性。

儘管在1980年中國和歐洲幾乎沒有交易，但2002年中國出口到歐盟的年增長率約爲21%。2006年，中國向歐盟出口了價值1,940億歐元的商品。歐盟與美國分別是中國製成品最大的出口市場。因此，從這個角度來看，中國認爲與歐盟的貿易關係有不可或缺的重要性。

中國外交官員喜歡用「雙方既沒有根本的利益衝突，也沒有未解決的歷史問題」來跟歐盟領袖說明彼此是最佳夥伴，事實上，這是北京慣用於許多國家的政治言論。[33]「未解決的歷史問題」指歐盟承認北京的「一個中國政策」和中國對台灣的主權，與美國以「台灣關係法」來介入兩岸關係完全不同。中國擅長於利用與歐盟會員國的商業利益達到政治目的，例如，中國國務院發言人聲稱，過度批評中國人權不僅會損害友好的雙邊關係，還會損害商業利益。利用經濟影響力來促進政治目標是一種常用但有效的措施。前中國總理李鵬說：「如果歐洲人在所有領域都與中國合作，包含經濟、政治和其他領域，我認爲他們將與中國簽訂更多合同。」[34]他的話反映出中國善於利用商業合約來交換政治支持，相對地，也是精於利用貿易採購打擊政治紛爭。這次因澳洲政府要調查Covid 19的起源，中國駐澳洲大使語帶威脅地說中國的學生跟觀光客可能不再到澳洲，中國政府更是直接宣布

---

[32] WTO (2018). Worldtradestatisticalreview2018. www.wto.org/statistics, p. 12.

[33] Chinese Ministry of Foreign Affairs (13 October 2003). China's EU Policy Paper, the People's Republic of China.

[34] Katinka Barysch, Charles Grant, and Mark Leonard (2005). *Embracing the dragon: The EU's partnership with China*. Centre for European Reform, p. 14.

對大麥課徵80.5%的關稅與禁止4家牛肉商出口牛肉到中國。[35]

不僅如此，北京更是善於利用歐盟會員國之間的經濟競爭關係，一方面，中國決策者表示商業和政治問題是分開的，認為應當遵循雙方商業法律規範。另一方面，中國政府仍然控制著與中國企業與外國公司簽訂商業合約的決定權。相較於民主體制，中國的外交政策更具有靈活彈性，允許其貿易政策專注於政治目的，胡蘿蔔與棍棒交互運用。[36]相比之下，歐盟的外交政策受限於會員國的外交態度而難以有一致的立場，也常常因為歐盟機構間的關注焦點不同，無法達成共同的對中國政策，這正是歐盟結構性的缺陷。[37]

就北京的立場，當前的世界貿易規則並不完全符合中國的國家利益，必須逐步改變它。例如，中國對國際科技公司的政策顯示如何操縱市場優勢和避免其他方面的劣勢。在歐盟試圖限制中國紡織品出口的措施中，中國政府就以嚴厲方式抗議歐盟。在公開場合上，北京認為歐盟長期以來一直在推行自由貿易原則，但是一旦商品項目競爭力不足而利益受損時，就採取保護主義措施，不尊重WTO的規範和規定。以數字而言，在中國成為WTO成員後，中國對歐盟的出口增長了46%，數量增加192%。[38]可想而知，歐盟對中國紡織品的出口展開調查，引起中國貿易官員反彈，宣稱執委會的做法是特殊限制，違反世貿組織規則，不利於雙邊貿易關係。[39]一位中國資深官員批評歐盟採取保護主義措施，以保持歐盟製造不會因為生產條件昂貴而無法

---

[35] Nicolas Perpitch (19 May 2020). "Australian barley farmers hit by new China trade tariffs fear profit margin 'wiped away'." *ABC News*, Australia.

[36] Aaron Friedberg (2018). "Globalization and Chinese Grand Strategy." *Survival*, 60(1), pp. 9-13.

[37] Patrick Messerlin (2008). "Redesigning the EU trade strategy towards China." *Joint ECIPE-GEM Working Paper* No. 04, p. 3.

[38] Anna Comino (2007). "A Dragon in Cheap Clothing: What Lessons can be Learned from the EU-China Textile Dispute?" *European Law Journal*, 13(6), p. 827.

[39] Ta Kung Pao (27 April 2005), p. A 19.

跟中國競爭，連駐點在中國的歐洲商業代表都發出警告稱歐盟的經濟民族主義抬頭。中國商務部抨擊歐盟使用「反傾銷稅」對其認為價格不公平的進口產品所開徵的稅。歐盟和其他一些大型貿易夥伴（如美國）對反傾銷稅的使用有上升的趨勢，不過持平地按歷史標準來看仍然很低。[40]

再從過去的歷史觀察，中國在國力逐漸上升的過程，為了和緩歐盟的抗議，其商務部也曾採取一些措施來減緩紡織品這類中國最具有競爭力產品的出口，包括徵收出口關稅、鼓勵行業自律等，已經中箭落馬。但是當時名噪一時的中國商務部長薄熙來就批評歐盟採取雙重標準：當歐洲產品有競爭力，就主張自由貿易；若是發展中國家的產品具有競爭優勢時，就會限制其產品在歐盟市場的占有率。為了反制，薄熙來決定廢除81種產品的出口關稅，這表明中國政府在上一個十年前，就具備強大的經濟能力反擊歐盟的「雙重標準」。[41]在美國還沒有開始杯葛WTO之前，貿易競爭的攻防戰場，不在北京也不在布魯塞爾，而是在日內瓦（WTO總部）。[42]因此，由於雙方的需要，最後的談判達成雙贏局面。經此一役，中國在應對世界貿易舞台與歐美先進國家的國際法攻防戰，取得了大量的經驗與知識，有助於中國融入並影響世界貿易舞台，逐漸以總量、速度與靈活性，成為全球最重要的製造大國，作為不斷持續增長的基礎。

中國經濟增長帶來歐中關係的物質分歧，在天安門悲劇發生後，也成為雙方的理念分歧，導致幾乎所有先進、已發展國家在美國的帶領之下，加入抵制中國的隊伍。當時歐洲共同體的做法是以在個人

---

[40] Jamil Anderlini and Alan Beattie (9 September 2008). "Beijing attacks EU anti-dumping duties." *Financial Times*.

[41] David Barboza and Paul Meller (11 June 2005). "China to Limit Textile Exports to Europe." *The New York Times*.

[42] World Trade Organisation (1 October 2002). Report of the Working Party on the Accession of China. http://trade.ec.europa.eu/doclib/docs/2003/september/tradoc_113814.doc.

層面上實施懲罰性經濟制裁，包括凍結所有政府貸款以懲罰中國政府。[43]這對上個世紀中國經濟來說是一次重大打擊，特別是當中國剛進入經濟改革和發展的初級階段時，相當依賴於已發展國家的貿易和外國投資。因此，中國政府採取了兩個步驟來解除天安門悲劇所帶來的制裁。首先，它與西方國家的領袖進行政治溝通，宣傳鎮壓是必要的，否則中國社會將失去控制，會遭受第二次「文化大革命」。北京舉例美國政府在1932年和1970年的抗議活動中也壓制了它的公民，證明中國所做所為，乃是政府為保持社會穩定所做的其他事情，藉以說服歐洲領袖。其次，北京發揮其經濟外交，吸引一些個別國家與中國的合作和貿易往來。由於日本在1968年取代西德成為世界第二大經濟體，北京運用日本在經濟上與歐共體的競爭關係，積極說服日本先行與中國進行非制裁的貿易。

　　1989年8月1日，當時中國外交部長錢其琛在巴黎舉行的柬埔寨危機國際會議上會晤日本外務大臣三澤博，隨後日本同意將恢復給予中國出口的第三批日本貸款。最重要的是，錢其琛建議北京邀請日本天皇明仁訪問中國。這等於是打破西方制裁，還創造了一個成熟的中日關係，對美國與歐共體形成了一定的壓力[44]。緊接著日本下一任外務大臣中山太郎於1991年8月10日訪問中國。不僅如此，北京還宣布加入「非核條約」。隨後中國國家領導人中共總書記江澤民於1992年4月6日訪問了日本。這些國事訪問都是為了營造一個良好的氣氛，迎來日本明仁天皇於1992年10月22日到中國進行訪問。在此之前，日本天皇從未訪問過中國，他的訪問極具有象徵意義，中日關係得到鞏固。日本天皇訪中之後，因天安門事件國際禁止國家元首訪問中國已然被打破。

　　中日關係的成功引發了歐共體在中國市場失去競爭力的焦慮。此

---

[43] Robert Ash (2008). "Europe's Commercial Relations with China." in Dave Shambaugh anf Hong Zhou (eds.), *China-Europe Relations*. Routledge, p. 192.

[44] 錢其琛（2003）。《外交十記》。世界知識出版社，第六章。

外，1990年義大利政府在對中國出口和投資失利後，開始遊說歐共體支持解除制裁中國。義大利外交部通知中國駐義大利大使館，經由1990年歐共體的都柏林峰會決定，共同體外交專員將在聯合國會見中國外交部長。當時中國外交部長錢其琛於1990年9月28日在紐約見了義大利、愛爾蘭和盧森堡的外交部長。義大利外交部長告訴錢其琛，歐共體理事會主席也將在1990年10月的歐洲執委會會議上提出歐中關係的和解。簡單來說，歐中雙方在紐約會面代表著歐共體官方結束與中國接觸的禁令。

當然，中國新興的經濟也吸引德國，從1992年底開始，德國政府在工業的壓力下推動放鬆對中國的制裁。[45]結果，除了武器禁運維持之外，所有其他制裁都未能長期持續執行。也由於德國的帶頭反對，對中國的經濟制裁沒有約束力。此外，1996年底德國總統羅曼·赫爾佐克（Roman Herzog）與1997年法國總統席哈克（Jacques Chirac）的接連訪華之旅，等於是宣布歐洲各國元首對中國的訪問禁令已然結束。[46]因此，歐盟對中國的經濟制裁很快地被逐步取消。尤有甚者，中國在制裁結束後，人權政策並沒有修正或是改善。此外，北京方面更是堅持認為，中國的人權問題不應以涉及政治權利／西方標準來判斷。相反地，更多的是經濟和社會的「發展權」，而非西方的平等權，這除了與當時中國經濟文化歷史背景有關之外，更是漸漸以此獲得發展中國家的支持，逐步改寫西方人權意涵，甚至在2020年4月1日獲得加入聯合國人權理事會協商小組。[47]

能夠獲得此一結果，跟中國長期耕耘有關。一開始主要是擔心因

---

[45] Kay Möller (1996). "Germany and China: A Continental Temptation." *The China Quarterly*, 147, pp. 706-725.

[46] Brunhild Staiger (June 2004). "Timeline of Chinese-European Cultural Relations." *Journal of Current Chinese Affairs-China aktuell*, 33(6), p. 660.

[47] Andrew Nathan (1994). "Human rights in Chinese foreign policy." *The China Quarterly*, 139, pp. 622-643.

人權問題而無法得到經濟成長，故北京改弦易轍轉而支持人權外交對話。第一次會議於1995年1月舉行以來，人權對話每年舉行兩次。[48] 然而，歐盟要的顯然與中國政府不同。歐盟希望中國能打擊非法移民、簽署關於移民的「標準條款」、智慧財產權和共同價值觀。然而，中國則主張作為歐盟的重要合作夥伴，他們不應該被迫接受與越南或烏拉圭相同的人權條款，應該是能夠符合反映中國情況的人權政策。[49]

到了1997年，中國的經濟越來越有朝氣，法國為了贏得中方的訂單，開始在聯合國人權理事會提議廢除一個在討論中國人權狀況的人權委員會。北京成功地引導巴黎向歐盟或其成員國施壓，不同意聯合國難民署（UNCHR）的決議，並利用各國之間商業利益的矛盾，解除對中國人權問題的壓力。根據聯合國的報告，中國官員利用經濟誘因進行積極遊說，使北京免除承擔《日內瓦公約》的責任。[50]報告中清楚指出，當時中國總理李鵬以21億美元的空中巴士合約，說服法國協助中國在聯合國贏得決議案，不對中國人權問題採取任何行動。總的來說，人權對話只淪為各國與中國各自表述的外交秀場合，並不實質影響雙方的利益，也都維繫雙方的尊嚴。

中國官員很清楚知道法國政府很介意法中貿易量比不上德國，這種情況使得北京在法國能夠以訂單換取法國的國際政治影響力。例如，2007年9月德國總理梅克爾在總理府會見了達賴喇嘛，並在記者會上公開進行會談。[51]這可是關係到中國駐德外交官的烏紗帽，因為

[48] Philip Baker (2002). "Human Rights, Europe and the People's Republic of China." *The China Quarterly*, 169, pp. 45-63.

[49] Katinka Barysch, Charles Grant, and Mark Leonard (2005), Ibid., pp. 10-13.

[50] Human Rights Watch (March 1997). *Chinese Diplomacy*, Western Hypocrisy and the U.N. Human Rights Commission, C903. https://www.refworld.org/docid/3ae6a7d94.html

[51] Gudrun Wacker (2010). "Changes and Continuities in EU-China Relations: A German Perspective," in Ross, R. S., Tunsjø, Ø., and Tuosheng, Z. (eds.), *US-*

梅克爾在會見達賴喇嘛前不久，才在北京與總理溫家寶進行會談。可想而知，隨之而來的北京的抗議，要求梅克爾道歉，[52]並取消了德國政治人物訪問中國活動。[53]不令人意外地，北京隨即向當時法國總統薩科齊（Nicolas Sarkozy）提供了巨額商業合約，邀請他11月到中國進行就任半年之後的訪問中國之行，也重新對法國展開因對台軍售而取消的大型核電廠計畫，而這些行動離梅克爾與達賴喇嘛會晤後不到兩個月的時間。[54]

以時間的軸線觀察北京運用經濟外交達成政治目的並不是新鮮事，而中國也不是第一個這麼做的國家。[55]美國在維護國際秩序，乃至於保障自身國家利益，也是毫不遲疑地運用自己的經濟實力，川普廢除《北美自由貿易協定》，再新簽USMCA，即是表明經過二千年的歷史，修昔底德還是對的：強者做他們想做的事情，弱者只能做他們必須做的事。[56]因此，北京長期以來以經濟外交服務其政治制度反映的是國際政治的現實。不同的是，威權政府可以更有效地命令其國營事業在需要時服從其政治意願，而民主國家必須以市場機制與法制規範爲優先，從而在全球化下的競爭反而爲北京帶來更多在政策上的彈性與靈活。在與歐盟貿易上的競爭與合作的過程中，北京更是學習

China-EU relations: Managing the New World order. London, Routledge, pp. 77-100.

[52] Geoff Dyer (05 June 2008). "In China diplomacy, Rudd leads the way." *Financial Times*.

[53] Bernice Lee (November 2012). "The EU and China: Time for a strategic renewal?" ESPO Report, Chatham House, N. 2, pp. 22-32.

[54] Gudrun Wacker (2010), Ibid., p. 87.

[55] James Reilly (2017). "China's economic statecraft in Europe." *Asia Europe Journal*, 15(2), pp. 173-174, 182.

[56] Baldacchino Godfrey (2009). "Thucydides or Kissinger? A Critical Review of Smaller State Diplomacy." in: Cooper. F. and Shaw T.M. (eds.), *The Diplomacies of Small States (International Political Economy Series)*. Palgrave Macmillan, London, p. 14.

到如何打造有利於自身發展的國際貿易規範與秩序，加入之後再以子之矛攻子之盾，中國可謂歐盟執委會頭痛的合作夥伴，被迫改寫雙方經貿秩序，甚至是政治秩序。

五、時間層次上歐中的物質理念分歧

　　北京並不是一開始就擅長於運用歐美共同建構的自由主義經貿秩序，自1980年代中國開始走向世界，對於歐洲共同體乃至於歐洲聯盟有錯誤的認識，隨後很快地發現歐盟的決策過程中存在多重困難，其作為一個眾多國家匯集主權成為治理機構（Institutions）是複雜和不完整的，並不能將歐洲視為一個國家或是僅是一個國際組織。隨著時間帶來的經驗，北京發現透過與會員國的邦交力量來影響布魯塞爾，更能達到效果，這是北京將注意力從布魯塞爾轉移到歐洲各國首都的戰略移轉。正如中國人民大學教授宋新寧在英國上議院聽證會的說明：「中國喜歡與德國進行貿易和經濟夥伴合作，因為它始終遵循規則；同樣，中國人更關注英國而不是其他人，因為雖然它批評中國，但它會履行承諾。[57]」相對地，受限於各種政治壓力，歐盟既無法永遠遵循規則，也無力履行承諾，這就導致雙方在尋求深化合作時，產生戰略分歧與衝突。持平地說，這很難歸咎於歐盟的錯，在輔助原則的限制之下，許多政策是取決於各個會員國的政治決定，而不是布魯塞爾歐盟總部上班的公務員。

　　在此戰略移轉之下，北京開始對歐盟與會員國採取「分而治之」的戰略，其定義為政治、軍事和經濟戰略的結合，分化對手的團結性，將對手力量裂解成較小的單位，使自身享有相對力量的優勢。此外，「分而治之」包含了「統治」或是「治理」的含義。準確地說，

---

[57] House of Lords (2010). *Stars and Dragons: The EU and China. European Union Committee*. Published by the Authority of the House of Lords, p. 20.

中國無法將歐盟視為一個單獨的國家來交往，故將其與所有歐洲國家的對中關係視為一個整體進行管理。因此，當雙方利益衝突發生時，北京可以用較少的成本達成較好的協商結果。這一戰略是有賴於歐盟內部的利益有衝突與矛盾。正如歐盟執委員會的一名資深官員所說：「由於其分歧如此明顯，不團結的現象是普遍。這是歐盟最需要克服的地方。」這種情況等於是鼓勵北京毫不猶豫地對歐盟採取「分而治之」的戰略。[58]

「分而治之」的戰略不僅有效地緩解將北京視為威脅的歐盟價值輸出，也使中國在雙邊貿易競爭中占據優勢。檢視中國與歐盟各成員國之間的貿易關係，27個會員國中主要貿易大國對中國都是貿易逆差。[59]這種不對稱的貿易環境，主要是源自於歐盟國家普遍的因經濟成熟導致產業外移與中國的製造生產優勢，早期的中國和歐盟之間的鞋貿易戰爭就是典型案例。由於中國大量廉價鞋類湧進歐洲市場，對傳統製鞋大國義大利與西班牙產生了排擠的效應，執委會必須對中國皮鞋徵收反傾銷關稅，故2006年4月執委會先以調查確認中國以低於成本的價格出口鞋類後，決定對兒童鞋以外的鞋課以反傾銷稅率19.4%。[60]

然而，歐洲製造商的另一方則是進口商，限制中國皮鞋的進口顯然對他們造成大量的損失，執委會必須同時需要滿足歐洲製造商和進口商的需求。其中，英國、丹麥、德國和瑞典等自由貿易商強烈反對實施保護主義關稅，強調這會損害與中國的貿易關係並提高消費者的購物成本。製造方則是義大利、西班牙、法國、波蘭和葡萄牙等南歐

---

[58] Steven Everts (2002). *Shaping a credible EU foreign policy*. Centre for European Reform (CER).

[59] Eurostat (March 2019). China-EU - international trade in goods statistics. https://ec.europa.eu/eurostat/statistics-explained/index.php/China-EU-international_trade_in_goods_statistics#Trade_with_China_by_Member_State

[60] Andrew Bounds (2006). "EU governments reject tariff plan for Chinese Shoes." *Financial Times*.

製鞋大國，需要保護他們的製造業，遂向執委會施加壓力，要求他們在調查後採取措施。歐洲的製造商與進口商的矛盾，反映出中國製造業正在從製造低成本和稅收減免中受益，從而形成競爭優勢。[61]2011年3月31日歐盟宣布取消對中國皮鞋的長期反傾銷關稅即是最佳的例證。[62]這場貿易衝突說明歐盟的內部利益矛盾使中國能夠成功地發揮分而治之策略。長期以來，歐盟一直未能對中國產生一致性的貿易政策。不過現在加入美中戰略對抗的因素，造成中國對歐盟貿易施壓空間減少，以避免歐美合作對抗中國。[63]

在此之前，北京毫不猶豫地利用歐盟成員國之間的明顯競爭，特別是在經濟領域和直接投資方面，來達成外交或經濟目標。法國向台灣出售武器視為違反一個中國政策、會見西藏精神領袖達賴喇嘛視同支持分裂活動，北京即施以失去大企業合約作為威脅。以下以三個北京運用「分而治之」例證來進行詳細分析。

第一，中國運用法國與德國的經貿分歧。這有賴於中法貿易關係不斷發展，中國是法國出口的第七大貿易夥伴，2018年貿易金額達到245億美元，但也是法國最大的貿易赤字國家，達344億美元。[64]法國的產業結構是導致與中國貿易不平衡的關鍵原因。與其他西方國家相比，中國與法國有著特殊的關係。中華民國第一代領導人中的許多人都曾在法國學習，因此中國菁英對法國有特殊的感情，可以這麼說，中法關係是中國所有歐洲國家朋友中最友好的。中國政策制定者意識

[61] Euroactive (29 August 2006). "EU governments divided over duties on Asian shoes."

[62] Valentina Pop (17 Mar 2011). "Chinese shoes to be imported without anti-dumping tariffs." EUobserver.

[63] Alicia Garcia Herrero (2019). "Europe in The Midst of China-Us Strategic Economic Competition: What are the European Union's Options?" Working Paper, Bruegel, Issue 03.

[64] Daniel Workman (29 May 2019). France's Top Trading Partners, world's top Exports.

到，對於法國政治菁英來說，不僅從席哈克、薩科齊乃至於歐蘭德，他們都認為中國是機遇而不是挑戰或威脅，要不是Covid 19與香港國安法，恐怕現任總統馬克宏也不會改變對中國的態度。此外，中國外交官深知英法之間的矛盾，特別是歐洲區域秩序發展的歷程，法國人對於英國人是有特殊的疑慮，而現在英國脫歐公投成功，更證明當時戴高樂總統拒絕讓英國加入是有其道理的。

當代法中關係最大插曲，當屬法國社會黨於1992年時，向台灣出售拉法葉艦與幻象飛機，導致中法關係降至1964年兩國建立正式外交關係以來的最低點。[65]北京宣布：取消中法大型合作項目（包括廣州地鐵、大亞灣核電站二期工程）、停止採購法國小麥以及立刻關閉法國駐廣州總領事館。[66]將大量訂單與合約轉給德國。北京凍結與巴黎的互動和經濟合作，許多正式溝通變成已讀不回，直到密特朗任期結束、社會黨下台。1995年席哈克總統上台後，隨著中法彼此相互需求，歐盟與中國關係進展迅速，中法關係也回復正常，這正如前述，中國對歐洲國家的制裁都不會太久，因為也會危害中國經濟利益。

第二，中國利用德國和歐盟的分歧。德國是中國在歐盟內的重要貿易夥伴。在許多方面，包括第一大進口國（2017年從中國出口到德國為1,090億美元），第三大出口目的地國（德國出口到中國在2017年為950億美元）。[67]與法國相比之下，德國對中國經濟更重要，但是在經略歐盟政治當中，法國又比德國更重要，這些政治與經濟的糾結，北京打算運用德法經貿矛盾影響歐盟。作為歐盟的經濟引擎，德國已經主導歐盟對中國採取經濟與商業為先的戰略。天安門事件發生

---

[65] Jean-Pierre Cabestan (2010). "China and European Interests: A French Perspective." in Robert Ross, Tunsjø, Ø., and Tuosheng, Z. (eds.), *US-China-EU relations: managing the new world order*. Routledge, p. 138.

[66] 錢其琛（2003）。《外交十記》。世界知識出版社，頁76-90。

[67] OEC, The Observatory of Economic Complexity. https://oec.world/en/profile/country/deu/ (Accessed on 05 September 2019)

後，德國不是第一個率先取消經濟制裁，但是主導將歐盟經濟制裁轉變爲貿易優先。1993年11月，當時德國總理科爾（Helmut Kohl）帶領四十位高級企業高管訪問中國。[68]在正式訪問期間，北京充分發揮經濟外交的作用，簽署了價值28億美元的德國合約。1994年，中國政府協助德國賓士獲得一項重要合約，以應對來自美國和日本汽車製造商的激烈競爭。最重要的是，當時的國際因素幫助德國人在1990年代初獲得了中國的商業合約。當時美國猛烈批評中國的人權狀況，這是中共最無法接受的；法國正在尋求向台灣出售武器；英國則專注於香港回歸問題。因此，憑藉這些高額的商業合約，德國不會遵循美國的政策來批評中國的人權紀錄，也不支持法國和英國對中國政策的立場。最終，無法實現歐洲對中國的連貫一致的外交政策。

此外，爲了保持德國成爲世界上最大貿易國的目標，柏林的中國的政策也側重於促進雙邊貿易關係。然而，德國對中國的外交政策相當重視商業和規範方法之間的平衡。當社會民主黨執政時，時任的德國外交部長費雪（Joseph Fischer）和總理施洛德（Gerhard Schröder）分別對中國採取了不同的做法。前者集中在環境保護或人權紀錄等事項上，後者試圖安撫他的中國夥伴，並兩次到中國訪問，兩者分進合擊經略中國。當時德、英、法競爭歐盟領導權時，北京尊重德國在歐盟內所扮演的重要角色。[69]作爲回報，就像法國和英國都已經採取的策略，德國與中國的雙邊關係必須高過於歐中關係。此策略不僅適合德國國家利益，也滿足中國的需求。

第三，運用戰略分歧化解人權批評。當美中對抗越來越複雜與高度不確定時，另外一個貿易秩序的最重要制定者──歐盟的態度就變得至關重要，中國當然想要贏得歐盟的支持，在三角關係中，沒有

---

[68] Hanns Maull (2007). "Reconciling China with International Order." *The Pacific Review*, 10(4), pp. 466-479

[69] Christoph Schnellbach and Joyce Man (2015). "Germany and China: Embracing a Different Kind of Partnership?" CAP working paper, pp. 4-7.

任何一方想當被其他兩者孤立的一方。因此，歷史經驗顯示，價值或是意識形態往往不是決定性的因素。回顧當年美國與中國建交，中國與蘇聯可是共產主義的執行者，尼克森（Richard Nixon）可以打動毛澤東轉向，並不是因為彼此信仰改變了，而是毛澤東與赫魯雪夫（Nikita Khrushchev）鬧翻了。1998年中國支持《世界人權宣言》並簽署《聯合國公民和政治權利公約》，但是這無法視為西方價值的勝利，因為時過二十二年後，中國人民大會仍然沒有進行任何批准程序。

如果中國人權問題不再是問題，那麼武器禁運似乎就沒有存在的必要。中國向來將天安門悲劇開始的武器禁運視為國家恥辱，把解除禁運視為重要外交工作。同時，歐盟在東亞地區沒有重要的戰略利益或是軍事部署，與台灣更缺乏政治與軍事安全關係，當時德法的領袖想藉由解除對中國武器禁運來提升雙方彼此的商業訂單並不令人意外。[70]然而這種實質的戰略伙伴關係，甚至牽涉到將歐美共同研發尖端科技移轉到中國，等同改變現行秩序，引來華府嚴重的關切，並且把歐盟的舉動視為歐中關係已經傷害到傳統的跨大西洋關係。在這個企圖改變現狀的案例中，歐盟的企圖在美國逐步提升壓力後改變，英國與德國隨即也改變了對於解禁的態度，很自然地歐盟執委會就表示解除禁令是一個技術挑戰並具有政治的複雜度。時任歐盟執委會外交委員會專員的彭定康（英國的香港末代總督Christopher Patten）表達歐盟想在美國與會員國之間扮演一個中立的角色，[71]並利用2005年的歐盟—美國戰略對話協調武器禁運政策。這其實就是想要說服美方，歐盟解除對中國之武器禁運並不會傷害美國國家利益，但是美國朝

---

[70] David Shambaugh (2005). "The new strategic triangle: U.S. and European reactions to China's rise." *The Washington Quarterly*, 28(3), pp. 7-25.

[71] Christopher Patten (2004). "Lifting of the Arms Embargo on China: The Rueda Report on Arms Exports." speech by the Rr Hon Chris Patten, CH, to the European Parliament, Speech/04/483, Strasbourg, 16 November.

野均不接受此種說法。最終美方獲得勝利，歐盟理事會與會員國決定推遲解除武器禁運的禁令。而「認知」與「承認」美國對歐盟的重要性，恐怕是歐盟與會員國堅持理念的價值，維持禁運最重要的原因之一。

　　相同地，美國國會對中國意圖的「認知改變」，正是能夠成功阻擋武器禁運被解禁，獲得國會參眾兩院的支持的主因。美國眾議院投票以411票對3票此種壓倒性的結果，以不具約束力的方式譴責歐盟考慮解除對中國武器禁運。[72]曾任美國副總統拜登（Joseph Biden）是當時的參議院外交委員會主席，就極力敦促歐洲盟國維持武器禁運並強化武器銷售的行為準則（Code of Conduct），否則美國國會可能會要求美國政府報復歐盟。在2005年3月17日，參議院也一致通過決議案，要求歐盟繼續維持對中國之武器禁運。[73]

　　在武器禁運失分的中國，在西藏問題不能再節節敗退，偏偏獲得1989年諾貝爾和平獎的達賴喇嘛在歐洲民間受到廣大歡迎，好萊塢明星對達賴的信仰更是助長歐洲民間對西藏的同情。當2008年3月中旬爆發了西藏騷亂，北京無情的鎮壓更為達賴喇嘛得到更多的支持，許多歐洲國家的國會與民間團體邀請達賴前去訪問，無可避免地引起北京的憤怒。在法國接任歐盟輪值主席國之前，當時總統薩科齊試圖利用2008年北京奧運會來迫使中國在西藏問題讓步，建立法國在世界人權議題領袖地位。一開始薩科齊先保持沉默，讓他的外交部長發表聲明，陳述由於中國的人權問題，他有可能不參加北京奧運會開幕式，除非中國改變人權政策。過了幾天，薩科齊再反駁了外交部長的言論，但是強調他參加開幕式有一些條件。接著，換法國人權部長跟媒

---

[72] United States House of Representatives (2 February 2005). 109th Congress House of Representatives.

[73] Kristin Archick, Richard Grimmett, and Shirley Kan (April 2005). "European Union's Arms Embargo on China: Implications and Options for U.S. Policy." CRS Report for Congress, The Library of Congress, pp. 33-35.

體表示，薩科齊參加奧運開幕必須滿足三個條件，其中包括恢復北京與達賴喇嘛之間的會談，否則他將不出席開幕式。[74]對此，北京認爲薩科齊利用西藏問題建立個人在法國、歐洲乃至於世界的領導地位。

接著在2008年4月7日北京奧運會海外聖火傳遞活動，第五站是巴黎，遇到許多巴黎市民支持西藏反抗中國的示威活動，一名支持西藏的抗議人士想要搶奪坐在輪椅上的女擊劍運動員手中火炬。由於抗議嚴重威脅到聖火安全，巴黎警方被迫三次熄滅聖火。[75]而倫敦也有類似抗議活動，這全是因爲活動人士抗議中國武力鎮壓西藏騷亂。這些示威活動引發了一波在中國的反法活動。中國開始發起抵制法國產品的運動，並利用中國公眾向巴黎施加壓力，由於家樂福爲西藏獨立團體提供融資，遭到憤怒的中國消費者抵制。中國最慣常運用的工具：中國觀光客也接到官方指示不要前往法國。[76]最後，薩科齊做出妥協，出席了閉幕式並派出三名特使到北京，包含法國參議院議長、總理以及總統外交顧問來挽救惡化的法中關係。[77]

好不容易挽救回來的雙邊關係，在奧運結束後，薩科齊總統於同年11月還是在波蘭格但斯克（Gdańsk）出席華勒沙獲得諾貝爾和平獎二十五週年慶祝會，會晤達賴喇嘛。由於薩科齊是第一個以歐盟輪值主席國總統的身分見達賴，北京決定必須要將相對回應的力度加大，故史無前例地取消2008年12月2日在里昂舉行的年度歐盟—中國峰會，此舉驚嚇了所有歐洲領導人：因爲取消時間離峰會只剩不到一個月。北京的懊惱與憤怒源自於認爲跟薩科齊達成協議，而且在前

[74] Jean-Pierre Cabestan (2010), Ibid., p. 135.

[75] Peter Walker and David Batty (7 April 2008). "Olympic torch relay cut short amid Paris protests." Guardian.

[76] Reuters (15April 2008). "Chinese demand Carrefour boycott for Tibet 'support'." https://www.reuters.com/article/us-china-tibet-carrefour/chinese-demand-carrefour-boycott-for-tibet-support-idUSPEK24412820080415

[77] Xinhua (24 April 2008). "President Hu: China values ties with France, unwilling to see events hurting Chinese feelings."

一年（2007年）梅克爾見達賴喇嘛時，中方也提供了巴黎巨額商業訂單。[78]很顯然，歐洲哪個領導人見達賴喇嘛，北京就施以經貿轉單。然而，2020年澳洲政府要調查Covid 19起源導致中國將大麥採購轉向加拿大，可是加拿大還是以北京制定並實施港版國安法，宣布暫停與香港間的引渡條約。可見，經濟手段還是無法為北京屢屢達陣。

　　整體來看，北京提供巨大的經濟誘因固然是「分而治之」戰略成功之因，但如果中國威脅論成為各國真實的感受，如同現在美國許多人對中國的看法，「分而治之」戰略很可能會成為北京的噩夢——西方民主國家團結起來對抗中國。過於強硬地推行這一戰略，歐盟會員國將「分享同樣的仇恨，與共同的敵人做鬥爭」。現在，美國拉著歐盟一起對抗中國，香港議題更是幫助美國把中國共產黨打到意識形態的對立面，共產主義再一次成為西方民主自由價值的對手。

六、小結

　　本章的核心論點是經過時間的歷程，國際行為者會對於威脅的認知發生變化。中國與歐盟各自是重要的國際行為者，是全球秩序重組重要的一環，雙方關係在時間軸線的發展，是關乎於彼此之間對於「威脅」的認知，以及認知後所採取的措施。本章的中國分而治之的案例中，如同制裁德國一樣，雖然北京對巴黎採取出人意表的取消峰會之舉動，但其還是小心翼翼地避免挑起全面反中運動。因此，一面制裁法國，一面由中國總理溫家寶率領的政府採購團到歐洲，也就是一手棒子一手胡蘿蔔。溫家寶不僅為了表達中國對法國的不滿而繞過法國，還增加了與德國和英國的訂單金額，用以阻止其他歐盟國家支持法國。最終，巴黎和北京簽署聯合公報，承諾不會支持任何形式的

---

[78] D.W (23 Sept 2007). "Merkel Meets Dalai Lama Despite Chinese Criticism." Deutsche Welle.

西藏獨立，對西藏流亡領導人也不支持獨立。這個案例再次表明，北京再一次成功的分而治之策略，懲罰的是法國，而不是其他歐盟或是成員國。但是，短暫的戰役勝利未必是眞正勝利，二年之間中國在歐洲的作爲，已經引起普遍大眾對中國的不滿。中國在尚未眞正崛起之前在經略歐洲的手法，其實與兩岸關係如出一轍，先進行分化內部，配合者利用經濟力量給予商業訂單，對抗者則以取消訂單作爲經濟制裁。

中國如此戰略性對待歐洲國家，對自由主義國際秩序形成巨大的挑戰。2020年由美國國務卿龐皮歐在尼克森總統圖書館演說對中國發出聲討，更顯得美中對抗全面白熱化，雙方已經不是在改變秩序，而是爲新秩序寫內容，被稱之爲新科技冷戰。[79]既然是冷戰，那麼歐盟是否會像過去一樣義無反顧地，站在美國這邊，其實是很有疑問的。[80]原因不外乎是，中國是歐盟第二大的貿易夥伴，額度達560,146億歐元，雖然美國仍居第一名——616,386億歐元，但要27個會員國像冷戰時代對抗蘇聯那般地團結起來孤立中國幾乎是不可想像的。[81]更具體地來說，中國最大電信設備廠華爲公司，早已是歐洲電信設備最大供應商，在5G技術的開發中，也與歐洲電信公司發展成爲你中有我，我中有你的狀況。脫歐的英國已經忍痛率先宣布12月31日後就不能採購華爲5G設備，已安裝的也須在2027年全數移除。其他歐洲國家很難做，也不想做到像英國這般。

中國現在是日益重要的全球強權，必須更謹愼地發揮它的影響

79 Martin Farrer (21 May 2019). "US-China trade skirmishes obscure the start of tech cold war." *The Guardian*.

80 Michael Plummer (2019). "The US-China Trade War and Its Implications for Europe, Letter from America, Intereconomics." *ZBW-Leibniz Information Centre for Economics*, pp. 195-196.

81 European Commission (2018). Directorate General for Trade. https://trade. ec.europa.eu/doclib/docs/2006/september/tradoc_122530.pdf (Accessed on 28 August 2019)

力，而不是擴張自己的利益與力量，並且任意運用觀光客與貿易訂單對違背中國政策的國家進行制裁。過去中國融入國際規範的一環，了解規則，善於運用制度與法律。隨著經濟成功、政治穩定、軍事現代化，中國開始改變這套秩序，影響全世界的觀念、關係和組織。在此情況下，下一章將進一步探討，崛起的中國，又是如何改變兩岸關係。

第五章

全球秩序重組與兩岸關係——
空間、認知與時間的分歧

一、背景

　　進入本書的最後一章，無法迴避也應該審慎面對的是，在當今全球秩序重組的過程中，對於台灣的安全，對於兩岸關係會有什麼影響？台灣內部長期對於兩岸政策、統獨議題、九二共識認知處於嚴重分裂，造成兩岸關係也隨著政黨輪替而呈現合作或對抗的態勢。不過，雖然影響兩岸關係的因素既多且複雜，有必要運用新古典現實主義的途徑，將之區分為空間（從國內到國際的分歧）、認知（從物質到理念的分歧）與時間（從過去到現在的分歧）三個層次，闡明為什麼全球秩序重組會為台灣帶來戰略機遇。美中對抗以及國際秩序重組為台灣帶來重大的戰略變化，更精準的描述是，秩序變動的過程中會帶來許多不可避免的挑戰，台灣應該正確理解此變化所帶來的挑戰。

　　兩岸關係的起點是國共內戰的爆發，發生的原因有許多面向，從國內因素來看，國民黨當年的腐敗與無法有效治理中國只是其一，受到時代意識形態號召的共產黨崛起，若不是有蘇聯的支持，是無法打敗國民黨的。因此，從內戰爆發的開始，就是新古典現實主義所強調的：在空間上，既有國際體系的因素——二戰結束，美國和蘇聯正開始形成雙極的冷戰結構，蘇聯極欲中國共產黨拿下中國而給予大量的支持；也有國內因素——八年抗戰結束後，中國陷入極度貧窮與混亂，大量的農民與勞工對於現狀非常不滿。在認知上，從民國建立到抗戰結束後的三十四年，中國一直處於戰亂之中，不是內戰就是日本侵略，國家整體的生產力與建設處於瀕臨崩潰的狀況；因此在觀念上，宣揚三民主義的中國國民黨，雖然打贏了日本，但美國的協助占很重要的因素，並且在實際上並沒有給人民看到自由、民主與人權的希望。相對地，共產主義的口號與夢想，給予人民一線希望與曙光，此種雙邊認知，在物質與觀念的差異，當然對內戰結果產生決定性的影響。最後，國民黨沒有認知到當時的主要威脅是來自於戰後的重建，太多內部派系的鬥爭，最終導致失去中國大陸的政權與主權。

　　中華民國與國民黨撤退到台灣，從一開始就是有賴美國的援助，這方面的研究與論述，在史丹福大學胡佛研究所館長林孝廷的《意外的國度》有詳細地描述與論證，簡言之，沒有美國的全力協助，就沒有今天的中華民國在台灣，沒有韓戰的爆發，也就沒有美國的全力支持。[1]韓戰的爆發，歷史上來看，是共產主義要擴張，美國需要台灣作爲戰略基地協助嚇阻。而從國際關係的角度來看，也是從多極體系走向兩極體系過程中，秩序重組的產物。美中建交到冷戰結束，進入單極的世界，美中合作進行全球化，台灣早已失去對抗共產黨的地位，重新回到一個舉無輕重、被要求不要破壞和平穩定的非主權國家的位置。龐皮歐在中共發出的檄文中說得好：「我們將台灣友人邊緣化，而台灣後來發展成蓬勃的民主。我們給了中共和其政權特別經濟待遇，卻只見中共堅持要求對其人權侵害情形噤聲，才准西方企業進入中國。」[2]何以美國對於台灣有著180度的轉變，先從兩岸關係的國內外因素談起。

二、空間層次下的兩岸關係

　　兩岸關係自中華人民共和國1949年建國以來不過七十年的時間，國際體系結構上歷經幾次變化，每一次都對兩岸關係帶來深刻的改變。過去以軍事力量衡量國家在全球影響力的標準，現在大幅地被經濟力量取代，冷戰時國際間因美蘇對峙的狀況，意識形態能夠主導國際關係。冷戰結束後開啓全球性的時代，國家採取合作途徑增進經濟發展，促成了國際組織與區域組織所扮演的角色比冷戰時期的還重要，多邊主義成爲主流，學界稱之爲自由主義國際秩序，[3]此概念已

[1]　Hsiao-ting Lin (2016). *Accidental State*. Harvard University Press, p. 341.

[2]　Michael Pompeo (23 July 2020). "Communist China and the Free World's Future." Speech in The Richard Nixon Presidential Library and Museum, U.S. Department of State.

[3]　Graham Allison (July 2018). "The Myth of the Liberal Order from Historical

經在第一章討論過。在此期間，兩岸軍事對峙的情況大幅減緩，在中國解放軍軍事現代化的過程，台灣卻不斷進行裁軍、降低國防預算，從徵兵制走向募兵制。然而不到二十年的時間，2008年掀起的全球金融風暴，又把體系轉變了一次，強權間的權力消長和聯盟模式的變化不斷發生。顯然地，中國自改革開放後，掌握國際自由貿易秩序的精髓，發揮人口、土地、自然資源優勢，運用自身市場規模經濟，引進資金、技術與人才，而獲得巨大的經濟成長，迅速成為世界第二大經濟體，引起美國嚴重的焦慮。哈佛學者Allison在其暴紅的名著《注定一戰？中美能否避免修昔底德陷阱》中，深刻地分析美中實力的轉變，以及美中爆發衝突的各種可能途徑。[4]其中，對台灣勢在必得的中國，遇上政商、戰略關係在台灣盤根錯節的美國，台海問題在美中競爭中的地位就變得非常關鍵性。

兩岸關係同時受到國際局勢變化與國內因素的影響（後者是指國共內戰的發生而導致兩岸分裂）。冷戰初期國際體系是屬於雙極的現實主義國際秩序，[5]兩岸各自受到華盛頓與莫斯科的約束，雖然1958年還是發生了國共八二三砲戰，從激烈的攻防到改為「單打雙不打」，最後砲戰能夠完全結束，有賴於1979年美國與中華人民共和國建交，使得兩岸關係得到空前的緩解。簡言之，冷戰中期美中共同對抗蘇聯的需求，使得兩岸軍事對峙的情況成為不必要。近四十年後，歐美國家深陷於全球化下國家內外之間的財富重分配，原本的自由主義國際秩序也有利於中國崛起，俄羅斯復興，造成世界體系從單極走向多極，從而國際秩序的重組，同樣地也牽動兩岸關係。

在陳水扁總統執政時代，美國小布希總統受到胡錦濤總書記的說

Accident to Conventional Wisdom." Foreign Affairs.

4　Graham Allison (2017). *Destined For War: Can America and China Escape Thucydides' Trap?* Scribe Publications.

5　John J. Mearsheimer (2019). "Bound to Fail: The Rise and Fall of the Liberal International Order." *International Security*, 43(4), pp. 11-15.

服，反對陳政府的入聯公投，予各界美中共管台獨的印象，[6]而到了蔡英文任內，北京不滿蔡政府拒絕承認九二共識，美國不僅對北京的抗議置之不理，而且白宮與國會合作將台美關係推上歷史性的新高點。很明顯地，當中國還不構成威脅時，美國希望台灣不是美中關係的絆腳石；而當中國不僅是威脅，甚至是對抗的強權時，美國就需要台灣共同對抗中國。

　　因此，將美中貿易戰歸咎於川普總統的莽撞與無知，就成為對國際體系認知不同的來源。Allisson在外交事務（Foreign Affairs）撰文說川普才是自由秩序與世界和平最大的威脅，引起很多學者的回應，他隨即又在下一期再次辯證他對自由秩序的看法，認為美國全球力量的衰退、美國民主的長期失敗、中國的迅速崛起與俄羅斯的復興，都比川普的威脅來得大。[7]這反應出不僅是川普本人，包含學界、政界以及軍方，對中國已經普遍存在負面觀點，認為北京所推動的政策，不僅試圖重新定義中國在世界上的地位，而且還提出了一個「中國方案」的概念，認為這是比自由民主更有效的發展模式，已經完全無法為美國所接受。[8]澳洲也有類似的認知，前首相滕博爾（Malcolm Turnbull）就批評中國共產黨的作為已經傷害了澳洲民主，暗中干涉媒體、大學，甚至是民意代表的決定。[9]澳大利亞認知到中國的威脅，早在2013年就率先提出印太戰略（Indo-Pacific Strategy），川普總統也在2017年越南APEC峰會，宣布美國對自由開放的印度太平洋

6　林正義（2011）。〈台灣入聯公投與美中反應、共管的辯論〉。袁兆琳主編，《中美關係專題研究：2004-2008》。台北：中央研究院，頁149-179。

7　Graham Allison (July 2018). "The Truth About the Liberal Order." Foreign Affairs.

8　Larry Diamond (ed.) (2018). *Chinese Influence & American Interests: Promoting Constructive Vigilance*. CA: Hoover Institution, pp. 1-3.

9　Malcolm Turnbull (7 December 2017). "Speech Introducing the National Security Legislation Amendment (Espionage and Foreign Interference)." https://www.malcolmturnbull.com.au/media/speech-introducing-the-national-security-legislation-amendment-espionage-an

地區的願景，[10]也就是以印太戰略回應北京的帶路倡議的階段。[11]

前述的國際體系因素，如同第一章所闡述的理論，必然會與國內壓力相互作用。因此，一方面是美中競爭加劇，另一方面是台灣政權輪替的鐘擺到了強力主張台灣主體性的民進黨，蔡英文總統拒絕承認馬政府時代的九二共識，成了北京斷絕兩岸官方往來的理由。儘管蔡政府認為在維持現狀上不挑釁不改變，北京方面仍然認為蔡英文在文化台獨上走得更遠。在此同時，兩岸的貿易卻呈現不同的樣貌，貿易額度在2016年、2017年都創下歷史新高，一直到2018年的11月才出現負成長的數字，毫無疑問地，是受到美中貿易摩擦的影響，證明體系結構正在發生變化時，對兩岸的經貿影響更大於國內因素。

另一方面，台美關係，則因為國際秩序重組，美中在進行激烈的對抗時，華府不斷地拉攏台灣與自己站在一起，故台美處於歷史上的新高點，也導致北京對台灣有更深的猜忌。國際秩序之所以重要，是因為可以幫助強權管理小國行為，使其行為可以符合自身利益。[12]據此，在美中對抗的情況下，雙方都希望台灣站在自己的一方。誠如中研院吳玉山院士所指出的，兩岸核心問題是在於權力的不對等和主權的要求，[13]但是當前國際秩序重組的過程中，會因台灣選擇扈從美國而加深兩岸僵局。

從經濟上來看，又呈現另一種樣貌。美中戰略對抗影響的層面是全球性的，因為在「時間層次」上，中國從改革開放開始已歷經四十

---

[10] The Department of Defense (1 June 2019). *Indo-Pacific Strategy Report Preparedness, Partnerships, and Promoting a Networked Region*. United States Department of Defense.

[11] Ankit Panda (October 2018). "What Does 'Competition' Between the United States and China Really Mean?" The Diplomat.

[12] Jack Knight (1992). *Institutions and Social Conflict*. New York: Cambridge University Press.

[13] 吳玉山（1997）。〈兩岸關係的理論詮釋〉。《政治科學論叢》，第8期，頁270。

年，土地、人力、環保成本都已經大幅翻倍地成長，亦即中國的生產成本已經不再有過去的廉價優勢，許多國際大公司早已耕耘布局東南亞國家。根據經濟學人智庫（Economist Intelligence Unit, EIU）的報告，[14]越南和馬來西亞可以從貿易戰中受益最多，主要是這兩國在近十年來發展低端製造技術產品、中間零件、手機和筆記型電腦等消費品製造，從世界上主要的電腦公司在這兩個國家都設有公司，中國的關稅正好讓進口商轉往這兩個國家進貨，而廠商對生產的重新調配因為布局已久，正好可以銜接。由此可見，一方之失乃一方之得，而台灣乃至於兩岸，如何避免成為失的那一方，正是最重要的課題。理想上，美國對中國產品的脫鉤會需要台灣產品，中國對美國經濟的脫鉤會需要台灣產業；事實上能否在政治壓力下如此左右逢源，有很大的挑戰。

　　因應美中貿易戰的政治經濟影響，各式的產業影響分析報告紛紛出爐，但得謹慎地檢視與討論，因為彼此之間呈現很大的差異，台灣就是一個典型的例子。經濟學人智庫（Economist Intelligence Unit）認為台灣受害頗深，但也有許多報告指出，由於台商大舉遷移，雖然不盡然都返回台灣，但是正好降低對中國貿易的依賴。而蔡英文政府一就任即推動的新南向政策，雖然洞悉此一戰略機會，大幅修正過去的產業發展策略，學習歐美日韓大國，以國家發展的戰略高度，協助台商整體策略性布局南亞與東協國家。台灣外貿協會的分析報告就指出，在2019年1月、3月美國自中國大陸進口清單一與清單二之產品大幅衰退，而同一期間，美國自台灣、日本、韓國、墨西哥、越南進口同類產品皆成長。[15]簡言之，台灣擅長的零組件、工具機、製程管理，正好是目前新南向國家所需要的，台灣廠商若因應得宜，將可加

---

14 Economist Intelligence Unit (15 October 2019). "Up for grabs: Asia's trade war investment plans."

15 外貿協會（2019年8月）。《美中貿易戰對我整體產業影響（二）》。頁4-25。

深產能布局。

台灣與全球經濟的連動性是極高的，原因在於台灣製造業屬於全球生產供應鏈的一端，國際貿易秩序因美中貿易戰而重新洗牌，對台灣經濟的影響當然非常地大。根據IMF的數據，台灣經濟與全球連動關係在2000年至2011年間是83%，到了2012年至2018年相關程度則下降到61%，這意謂著台灣的經濟已經不像2000年的第一個十年那樣依賴出口，反而是在GDP長期成長後，也發展了服務業與金融業，同樣帶動經濟。[16]儘管如此，2019年1月到4月，台灣對中國大陸、歐盟、新南向市場出口皆呈現衰退，原因就是受到對中國商品的需求降低之影響。不過，對美國出口就呈現大幅成長。從數字來看，台灣對中國大陸出口比重由41.2%下降到38.2%，對美國出口比重由11.8%上升到13.9%。不過，面對這些數字的變化仍應戒慎恐懼，因為很明顯台灣出口對中國依賴，幾乎是美國的三倍。因此，接下來探究兩岸權力不對等，也就是物質力量差距太大導致理念與身分認同的差異，對兩岸關係與國際秩序的影響。

三、認知層次下的兩岸關係

在國家屬性的層次分析上，制度占據最重要的地位。[17]就像第三章中分析疑歐派產生原因，制度包含著利益與理念的衝突，也是許多歐洲人轉移歐洲身分認同的重要因素。兩岸之間的政治制度是如此地不同，也是造成理念／身分認同不同的主因之一。雖然台灣長期浸淫在西方民主思想與自由主義的觀念之下，但是面對既威權又富強的中國，已然產生矛盾的情緒，甚至對民主價值產生動搖。而對岸的人民

---

[16] Shekhar Aiyar, Romain Duval, Damien Puy, Yiqun Wu, and Longmei Zhang (March 2013). "Growth Slowdowns and the Middle-Income Trap." IMF Working Paper. International Monetary Fund.

[17] 吳玉山（1997），同前揭著，頁267。

在威權體制的思想教育之下，加上國力蒸蒸日上，大陸人民普遍視台灣必然回歸中國，取得台灣只是時間與方法的問題。面對如何壓制新世代的台灣天然獨情勢，中共內部鷹派的聲浪早已蓋過鴿派。也由於兩岸長時間頻繁交流，民眾對國家安全議題或是兩岸觀，已經形成分裂無法融合的統獨問題。部分民眾對於中國軍力不斷提升，而且以統一台灣為演習目標，也產生無感的現象，也有另一部分形成反中的態度。

　　從各方面來看，中國雖然已經崛起，在各方面的硬指標都遠遠超越台灣，但是要面對的國內外情勢更為艱險。如前所述，中國外有美國全面的對抗，內有香港版國安法的餘波盪漾，更有嚴重的貧富差距與經濟放緩衍生的社會問題，突顯出台灣問題對中國雖然重要，但從來不應該是優先處理的議題。然而，由於錯誤的對台戰略與政策，使得兩岸關係反而成為中國崛起後，要建立有利於中國的國際秩序中一個拉扯的力量。舉例而言，民進黨在2018年的期中選舉大敗是肇因於內部因素而非兩岸因素，但卻讓北京見獵心喜，以更加強懲罰民進黨的方式緊縮兩岸關係，另一方面又施惠國民黨執政縣市與總統參選人，如同對歐盟一般分而治之的方法，反而可能間接助長蔡政府的執政滿意度。

　　以物質與身分認同之間的相互影響分析兩岸關係，是極其維妙的。舉例而言，第二章與第三章歐洲的經驗表明，歐洲整合歷經六十年的努力，一旦內外部遇到危機挑戰，歐洲人的身分認同急遽下降。兩岸似乎也是如此。根據圖5-1政大選研中心長期追蹤「台灣民眾台灣人／中國人認同趨勢分布」，顯示馬英九執政時經過多年努力，兩岸交流互動達到最高峰，但是台灣人的台灣意識也升到最高（60.6%）。轉折點在2014年太陽花學運爆發之後，台灣人認同趨勢開始往下掉，即便2016年蔡英文當選總統也是如此。此趨勢圖呈現一個態勢：兩岸交流，無助增長台灣的中國人認同，反而是兩岸關係緊張，台灣人的台灣認同往下掉。而兩岸關係不斷惡化後，在2018年美中貿易戰與香港反送中開始，台灣認同又開始往上爬高。顯示物質並

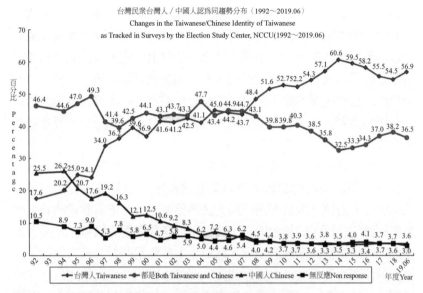

圖5-1　台灣民眾台灣人／中國人認同趨勢分布圖

資料來源：國立政治大學選舉研究中心

不是決定兩岸關係好壞的決定性因素，反而是包含「價值差異」的身分認同，以及對兩岸關係惡化帶來的焦慮。

　　川普總統延續他競選時對中國的抨擊，以貿易關稅要求中國改善中美貿易赤字、中國市場進入與技術轉讓問題，完全改變了歐巴馬時期與小布希時期的對中政策。美國在2017年的《國家安全戰略》（National Security Strategy, NSS）強調與中國是大國的競爭，在字裡行間可以讀到美國政府的觀點及態度，認為中國和俄羅斯挑戰美國的權力，侵蝕美國的安全與繁榮。不僅如此，報告將中俄描述為意識形態的對立面，認為中俄的作為會使世界經濟變得不自由與不公平，並運用控制訊息和大數據的科技壓制他們的社會，簡言之，中俄通過與北韓、伊朗結盟並擴張軍力，與此同時威脅到美國以及其盟友的生存。[18]

　　這份報告徹底地說明美國人的世界觀已經改變，打擊中國的重要性大於擔任世界領導國家，與歐巴馬（Barack Obama）時代是一個完全不同的思維——貿易上改採經濟保守主義，退出多邊協議與重新訂定區域協定，[19]對歐盟嚴詞批評導致大西洋夥伴關係加深裂痕，而強權間以鄰為壑的方式競逐國家經濟權力益發明顯。在國際秩序鬆動的狀況下，美國在運用台灣以平衡中國的作為，必然會更加地積極。從最敏感的美國對台軍售案可知，原本蔡政府上台後幾次的對美軍購，金額加起來甚至比不上馬政府時代任何一次軍購案的額度。可是從2018年美中貿易戰展開之後，談了十年以上的F-16V突然間開雲見日般地獲得了美國行政與國會部門的批准。這即是說明當認知轉變，對台的政策也隨之轉變。

　　此種認知的轉變，具體的發生在美國的政壇與學界對中國態度的轉變。陳水扁政府上台的前一年，Gill主張美國的中國政策應該是一種混合交往和圍堵的有限的交往（Limited Engagement）。[20]翌年，美國學者Shambaugh認為中國是美國的戰略競爭者（Strategic Competitor），[21]到了2015年更在《華爾街日報》的文章中，大幅度地轉變他對中國的看法。前美國副國務卿佐立克（Robert Zoellick）在2005年時表達美國應該促使中國變成一個負責任的利害關係者（Responsible Stakeholder）[22]，到了2018年，美國副總統彭斯（Mike

---

[18] Michael J. Green (18 December 2017). "The NSS and the China Challenge." *Foreign Policy*.

[19] 從《北美自由貿易協定》改變成為《美國—墨西哥—加拿大協議》（United States-Mexico-Canada Agreement, USMCA）。

[20] Bates Gill (1999). "Limited Engagement: the Need to Improve United States Relations with China." *Foreign Affair*, 78(4), pp. 65-76.

[21] David Shambaugh (2000). "Sino-American Strategic Relations: From Partners to Competitors." *Survival*, 42(1), pp. 97-115.

[22] Thomas Christensen (2005). "Will China Become a 'Responsible Stakeholder'?

Pence）卻屢次在國際公開場合批評中國政府。比較兩個時期美國各界對中國的認知，從認爲中國可以融入美國主導的國際秩序變成中國將建立自己的秩序，目的在於成爲與美國平起平坐、甚至是超越美國的對手。

美中實力接近換來的是美國對台灣政策的友善，此也立即獲得台灣政府的歡迎，面對中共的軍事改革與軍力提升，蔡英文政府的做法是國防自主與大力推動國防技術本土化，配合對美國軍售台灣的項目，提升台灣的國防工業能力。透過國艦與潛艦開發自主，以扶植相關廠商並爭取國內外訂單。此種戰略思維展現的並不是針對軍事上與中共採取敵對與競爭的態勢。取而代之的，是將國防工業化視爲提升台灣在國際貿易舞台地位的工具。換言之，認爲台灣安全的基石是在於民主制度與全球經貿實力，用以抵抗在軍事上不對稱的力量。

此外，美國的幫助雖然不必然有安全保證的效果，但是對兩岸關係還是有震撼彈的效力。川普總統就任以來，的確以法案方式，將台美關係帶到自1979年中華民國與美國斷交以來最好的境界，具體表現在：

第一，《台灣旅行法》在美國國會通過，川普簽署，於2018年3月生效，鼓勵台北與華府雙方之間的政府高層交流。第二，同年8月，川普簽署《2019財年國防授權法》（National Defense Authorization Act, NDAA），主張美國應該支持強化台灣軍力，建議推動美台聯合軍演，擴大雙方軍事交流與聯合。第三，同一年美國國會通過《台灣國際參與法》（Taiwan International Participation Act），支持國際組織納入台灣。該年APEC會議，美國副總統彭斯與台灣代表張忠謀會談，是有史以來台美層級最高（2017年沒有公開）。第四，2018年7月到10月美國軍艦近三月內二度駛過台灣海峽，分別是美國神盾級驅逐艦DDG-89及DDG-65由台灣南方海域航

The Six Party Talks, Taiwan Arms Sales, and Sino-Japanese Relations." *China Leadership Monitor*, 16, pp. 1-11.

行台灣海峽，向東北方向前進，以及導彈驅逐艦柯蒂斯—威爾伯號
（USS Curtis Wilbur）和導彈巡洋艦安提塔姆號（USS Antietam）根
據「國際法」於10月22日在台灣海峽進行例行航行。台灣國防部兩次
都宣稱美軍此次行動屬「例行性通過台灣海峽國際水域」。[23]第五，
2019年美國國會通過《台灣友邦國際保護及加強倡議法案》（Taiwan
Allies International Protection and Enhancement Initiative Act），即是媒
體慣稱的「台北法」，要求國務院提出報告給國會，說明美國政府在
加強台灣與印太地區國家夥伴關係的具體行動，而川普總統於2020年
3月26日正式簽署通過。

綜合來看，台美關係的進展的確洋洋灑灑，有法律依據也有國際
論壇背書，更有軍事行動展現意志，稱之為實質進步不失公允，但
是，這都是美國給予台灣的，換言之，美國隨時因為國家利益改變而
要降低美台關係，也不會有任何困難。這些友台法案密集地出現在這
短短三年之間，其中因素可歸納為：一，美國反中情緒與台灣遊說團
努力奔走，加上美國選民普遍反中態度，使得國會議員操作友台反中
策略受到支持，推出的法案能夠輕易地在參眾兩院通過並獲得川普的
支持。二，也是遠比前述理由重要，華府運用台灣作為槓桿點施壓北
京，這些法案是與台灣官方往來的法律基礎，但是做與不做取決於白
宮與國務院。換句話說，目前三方都還沒有具體改變現狀，但是如果
中國沉不住氣地以任何作為改變台海現狀，那就坐實中國是亞太安全
秩序的威脅。

在秩序重整的過程中，台灣雖然因此而獲得短期政治利益，但是
必須了解，中國在南海與香港的作為，或是俄羅斯在烏克蘭的行動都
顯示美歐共同領導的自由主義秩序已經無法以經濟維繫秩序，單極已
然轉為多極格局。此外，國家內部因素隨著時間的變化，習近平政治

---

23 張佑之（2018年10月23日）。〈兩艘美艦航經台灣海峽　國防部：全程掌
握〉。《中央通訊社》。https://www.cna.com.tw/news/firstnews/201810220343.
aspx。

權力迅速鞏固後，決定從韜光養晦走向有所作爲，帶路倡議的全球性積極戰略，傷害到了美國的霸權地位，地處台灣海峽與太平洋之間的台灣，自然成爲美國槓桿力量以平衡中國。

除此之外，最重要的是國家元首的個人思維與外交政策理性選擇。蔡英文總統從2000年擔任陸委會主委開始就長期涉獵兩岸關係，認爲中共是台灣安全的威脅，主張兩岸經貿不應是台灣經濟的命脈。然而體認到兩岸權力與經濟實力的不對稱，兩岸政策受到很大的限制，加上選前選後都堅守不承認九二共識，儘管蔡政府自認爲不是挑釁的作爲，但的確爲兩岸往來急速降溫。在此同時，並推出南向政策以抵消兩岸關係惡化的後果。雖然目前還不足以評估南向政策的結果，但是鑑於中共在東南亞的經貿力量與軍力增長，如果僅以物質力量想要以新南向政策與北京政府對抗，仍然會導致中國施壓東南亞各國政府阻撓台灣在南向國家的發展。其實，台灣的產業在進軍東南亞的規模與資金，都遠遠不及美、歐、中國、日本與韓國，世界百大企業已經在東南亞百花爭鳴，這些國家普遍已經不願意只是淪爲「代工廠」，而需要台灣實際地投資當地的產業，更期待台灣製造業的技術能夠輸出，如此才能做到雙方的共榮共利。最後，在認知層次上，新南向政策的確是降低台灣對中國的經貿依賴的正確戰略，但實務上會有許多困難，爭取新南向國家認同「維持台灣主體性」是印太地區和平與穩定不可或缺的力量，亦是此政策成敗最重要關鍵。

四、時間層次下過去與未來的威脅

兩岸之間的紛擾，源自於中國堅定地認爲台灣是中國的一部分，並且不排除以武力方式收回台灣。而隨著時間的演進，台灣人對於中國認同不斷發生變化，特別是年輕人更多的是拒絕台灣成爲中國的一部分，並認知到中國是台灣維持主體性的主要威脅來源。其實，統或獨的時間並不站在兩岸的任何一方，而是雙方各有自身的優勢。中國在改革開放之前，對台灣的主權要求既沒有能力也沒有吸引力，但經濟力量強大後，開始積極地展現對台灣的急迫性，認為收回台灣只是時間的問題。而台灣自從民主化後，政治體制的優越性慢慢體現出來，與西方價值接軌的民主政治，為台灣在中國的主權要求下，展現無比的自信，時間越長，更能證明民主的韌性。

第一位民選總統李登輝執政後期，屢次想要展現台灣的主體性，不但獲得中國無情與嚴厲的打壓，也惹惱美國，視李登輝為麻煩製造者。[24]但是經濟持續發展，社會穩定的支持民主價值，接續選出有史以來第一位非國民黨籍的總統。進入首次政黨輪替的時代，由於對於民進黨台獨黨綱的憎恨，無論陳水扁做出任何保證，一樣無法獲得北京的信任。舉例而言，一上任扁政府拋出四不一沒有：「只要中共無意對台動武，本人保證在任期之內，不會宣布獨立，不會更改國號，不會推動兩國論入憲，不會推動改變現狀的統獨議題公投，也沒有廢除國統綱領與國統會的問題」。[25]北京持續採取「聽其言、觀其行」的政策，兩岸關係大體上還是沒有進展。這四年的期間，美國傾全國之力展開全球反恐戰爭，中國甫加入WTO，在許多政策上配合美國，甚至開始向美國學習銀行與金融體系。這從美國小布希政府時代的財政部長鮑爾森（Henry Paulson）的《與中國打交道》一書中，詳實地描述他與王歧山合作協助中國融入全球金融與銀行的計畫。[26]

由這個背景可想而知，和諧的中美關係，遇上民進黨有史以來第一次入主總統府，體系的力量會壓迫台灣內部分追求主體的期待。尤其是陳水扁在驚險連任之後，由於第一任在兩岸關係上毫無進展，在沒有連任的壓力之下，自然走向歷史留名的路上。被外界視為冒進的

---

[24] Richard Bush (2005). *Untying the Knot: Making Peace in the Taiwan Strait*. The Brookings Institution, p. 72.

[25] 參「中華民國第十任總統陳水扁宣誓就職演說全文」。

[26] Henry Paulson (April 12, 2016). *Dealing with China: An Insider Unmasks the New Economic Superpower*.

台獨政策「一邊一國」以及「入聯公投」，也由於未事先與布希政府諮詢，嚴重損害台美關係，最後也導致北京聯合華盛頓共同約束台灣的對外政策。[27]回顧2004年至2008年的國際格局，美國正處於單極高峰，但是爲了阿富汗戰爭焦頭爛額，在國際上多所需要跟號稱和平崛起的中國以合作的方式解決爭端。美國對於中國經濟成長後朝民主轉型有很大的期待，雖然不致於樂見兩岸統一，卻也不喜歡台灣因爲追求主權而破壞亞太的平衡（Balance of Power）。

等到2008年馬英九就任總統，整體台灣的氣氛是期待與中國發展更進一步的經濟合作。更重要的是，北京與台北建立起默契，以九二共識作爲兩岸合作的互信基礎，不僅建立兩岸直航，甚至在執政末期雙方於新加坡舉行了歷史上第一次兩岸領袖峰會——馬習會。事實上，「親美、和中（陸）、友日」的戰略很快地就在馬前總統第一任期成形，主張應該與重要大國採取等距離外交，大陸是台灣的生存命脈，但美日也是臺灣不可缺少的助力。[28]這說明馬政府時代認爲兩岸關係處於台灣戰略核心：能夠與北京建立戰略互信，美國與日本也放心，台灣就能解決大部分的外交問題。同一時期，歐巴馬執政八年，第一任期外交重心在國內次級房貸危機，外有阿富汗戰爭與中東地區混亂，急切地想從伊拉克和阿富汗撤軍。以國際體系的角度觀察，歐巴馬了解到美國國力的局限，也就是無法繼續維持全球性眞正的霸權，在許多國際組織與領袖會議（像是WTO或G20），美國意志與政策已經不被各國買單。[29]在這種情況下，兩岸的發展並沒有國際體系

---

[27] John F. Copper (2006). *Playing with Fire: The Looming War with China over Taiwan.* Praeger Security International, pp. 183-205.

[28] 在施正鋒（2013）文章中，順序是「和中、友日、親美」：施正鋒（2013）。〈馬英九政府的中國政策〉。《台灣國際研究季刊》，第9卷第2期，頁43-66；但是到了2020年8月22日馬英九基金會舉辦「國家不安全研討會」時，馬英九的發言已經轉變爲「親美、和陸、友日」。

[29] Derek Chollet (2016). *The Long Game: How Obama Defied Washington and Redefined America's Role in the World.* Publisher: Public Affair, pp. 127-156.

帶給的壓力，因為美中兩國尚未處於競爭關係，反而是因為經貿整合政策，也就是《海峽兩岸服務貿易協議》的爭議，爆發了太陽花運動，強化了台灣年輕人普遍的主體意識，也將蔡英文送進總統府。

蔡英文當選的時間背景，是台灣在兩岸權力完全不對稱的情況下，兼之中國對台灣不斷進行文攻武嚇，不准台灣追求自己的主體意識或是主權國家。事實上，無論台灣怎麼加強國防，都無法跟解放軍一較高下。在軍事實力懸殊之下，台灣人民還是選擇了不承認九二共識的民進黨蔡英文總統。表面上看起來兩岸重新惡化到扁政府時代的原因不僅在於九二共識，更在於民進黨的台獨黨綱，以及中國政府打從心底就是無法接受民進黨，造成雙方缺乏互信的基礎，走上了兩岸以制度、價值之分歧，兩岸官方往來成了一件在民進黨執政階段難以想像的事情。政治制度的差異，包含了對價值與身分的認知，變成了政黨輪替時的鐘擺效應：當擺盪到左邊時，中國是威脅，不能過度依賴，台灣的前途是要避開中國，進入世界，民主人權價值無法與共產威權價值融合；擺盪到右邊時，中國則是機會與未來，若不與中國合作，又得不到中國的認可，將會被中國孤立於世界之外，並且雙方擁有共同價值──儒家與中國文化。

鐘擺效應說明台灣人對兩岸的認知是分裂的，再加入國際體系對兩岸關係的影響，更使得兩岸關係處於一個動態的表現。亦即由於霸權對於扈從國的需求，美國的核心利益是保持亞太地區的安全穩定，兩岸任一方都不應片面改變現狀，因為會傷害美國霸權地位。有了國際格局的觀點，再加上時間層次的分析，就可以了解為什麼台美關係的進步，是建立在美國不再是單極中的唯一霸權，認知到成功的中國對美國帶來的威脅，而需要台灣扮演更多平衡中國的角色。

時間上來看，以目前（2020年）台灣及美國的角度而言，中國不僅是當前的威脅，也是未來的威脅，有必要運用台灣在戰略上更積極回應中國的「有所作為」。美國、日本、印度與澳大利亞以「印太戰略」，改寫過去的亞太觀點，目的就是將中國排除在外。這個概念雖然在2010年就開始有討論，但是一直到2016年川普就任後，才以官方的立場加以推動。[30]台灣占據著中國突破美國太平洋第一島鏈最重要的位置，因此長期對台灣友善的薛瑞福（Randall Schriver）在被提名為美國國防部印太安全事務助理部長的意義上，公開表示台灣應該在自由和開放的印太戰略中發揮關鍵作用。[31]帶路倡議與印太戰略的大國競爭已經是當前國際上最重要的議題，也是強權間多層次的博弈，在戰略上謹慎地圍堵，經濟上又要合作。舉例而言，川普將競選語言轉化爲政策，在發動貿易戰之後，反而促成了北京願意主動與日本和解，一反過去對日本針鋒相對的外交政策，邀請日本首相安倍晉三訪華，與習近平晤談，兩國政府就央行間相互融通日圓與人民幣的「貨幣互換協議」達成共識，成達300億美元的額度。與會的雙方企業也就帶路倡議涉及的在第三國開發基礎設施之許多合作項目交換備忘錄。[32]儘管日本迎合美國推動印太戰略，自身也恐懼中國崛起威脅到日本的安全，但是川普拒絕美國繼續擔任全球貿易多邊規範的領導者，甚至正式宣布退出世界衛生組織，說明北京在許多國際組織的影響力已經超越美國。

如果說川普將美國帶向單邊主義與保護主義，對中國特別地不友善，那麼推論川普的連任與否會影響甚至是翻轉兩岸與美中關係，因此年底（2020年）大選若川普連任將對台灣有利，似乎很合情合理。其實，台灣的利益是建築在自身的力量與價值之上，而不是任何美國總統的友台政策，川普的作爲是基於自己與美國的利益。第二，在美

---

[30] National Defense Strategy (2019). *Summary of the 201 8 National Defense Strategy of The United States of America*. p. 2.

[31] Statement by Randall G. Schriver Assistant Secretary of Defense for Indo-Pacific Security Affairs Office of The Secretary of Defense, before The 116th Congress Committee on Armed Services U.S. House of Representatives March 27, 2019; Russell Hsiao and David An (January 4, 2018). "Taiwan Is Ready to Serve as an Indo-Pacific Partner." The national interest.

[32] Daniel Hurst (26 October 2018). "Abe Wants 'New Era' in China-Japan Relations." The Diplomat.

國四位閣員分別對中國發出檄文之後，美中關係也已經回不去了，計有國家安全顧問歐布萊恩（Robert O'Brien）的《中共的理想與全球野心》、聯邦調查局長瑞伊（Christopher Wray）的《中國政府和中共對美國經濟和國家安全的威脅》、司法部長巴爾（William Barr）《關於對中政策》、以及國務卿龐皮歐《中共與自由世界的未來》，呼籲世界自由民主國家團結起來對抗共產暴政。當美國的敵意上升至此，美國對中國的政策短時間將難以改變。而令人不安的是，中國的制度與價值觀無論如何都不會應美國之呼籲而改變，關係會繼續惡化，台灣風險隨之升高。

儘管對中政策被視為川普連任的最大武器，以解決他當前（2020年8月）民調落後拜登的困境。其實，從美國是Covid 19全球最高確診與死亡人數國家來看，川普防疫政策失敗才是他連任最大困境。其次，2019年10月川普因為打通電話給烏克蘭總統討論關於美國對烏克蘭軍售一案而遭到彈劾，也是問題之一。檢視2018年美國期中選舉，雖然川普勉強過關，失去了眾議院保住參議院，但是共和民主兩黨對中國的認知，其實與川普政府沒有太大的不同，只是採取的戰術有所不同而已。[33]

美中貿易戰的本質，除了來自於對中國的威脅感之外，美國的經貿政策隨著時間與全球化的演化也不斷進行調整，美國巨額的貿易赤字其實是源自於自身製造業競爭力不足，川普及其顧問團隊認為改採保守與單邊的政策，有利於解決自由貿易帶給美國的損失。然而，美國的川普主義以公平之名給予貿易種種限制而非自由，原有的全球政治經濟結構不僅無法往好的方向改革，甚至往以鄰為壑的方向前進。全球化經過時間的發展產生「失去利益者」的反撲，空前衝擊兩岸的經濟結構，因為自由貿易是各自經濟成長最重要的因素，兩岸經貿交流與產業依存是兩岸關係中除了政治性問題外最重要的一環，利弊之

---

[33] Randall Schweller (2004). "Unanswered Threats: A Neoclassical Realist Theory of Underbalancing." *International Security*, 29(2), pp. 159-201.

間不應有鷸蚌相爭漁翁得利的短視想法，應當認識到產業升級比將台灣產業從中國移轉到南向國家更爲重要。

時間上，過去台灣得益於全球供應鏈的一環，著名的「台灣接單中國生產」貢獻了兩岸的經濟；現在美國極力打破、改變現有的全球供應鏈，以朝對美國有利的方向發展，也就是藉由關稅戰迫使美國廠商回國設廠，此種戰略成功與否尚難以定論，因爲製造成本上升會導致售價提高，大部分消費者難以接受。但是對兩岸而言，經濟依賴的降低是一個面向，另一個面向就是中國對台灣訂單需求的改變。中國長期以來是台灣最大的貿易夥伴，中國的經濟要是熄火，對於台灣的衝擊必然是深遠，即便短期內部分產業與廠商會獲得轉單，但長期而言，中國在技術、資金與人才逐漸成熟的過程中，對台灣的廠商依賴也降低，台灣在短中期之內難以找到可以替代中國市場的方案。事實上，世界上少有一個國家或是地區能夠取代中國的製造產能，關鍵不僅在於前述的人力、技術、基礎建設與資金，更重要的是中國市場是亞洲的供應鏈「整合」的核心。根據台灣經濟研究院的研究，由於中國在服裝、辦公室與電信設備的出口，分別占了世界的34.9%與32.2%，遠勝於歐盟在這兩個領域的出口，因此中國供應角色不易取代。

過去美國希望中國加入WTO，成爲自由貿易體制的一員可以易於加以規範與限制，在龐皮歐的演說中可知美國已經承認這樣的想法是錯誤的。現在中國已經利用WTO體制成爲最大的勝利者，想要以制裁中國改變全球貿易秩序是不容易的，因爲中國產品不銷美國還是可以銷往其他地區，甚至是自己廣大的內需市場。也正因爲如此，美國才需要以打擊華爲作爲標的，以國家安全爲理由，要求同盟國一同禁用華爲，認爲華爲背後的北京力量會藉由資訊蒐集而危害民主自由。不過，在香港版國安法之前，歐洲國家都不願意配合美國，但是北京日益強硬的作爲使得歐洲國家開始警覺。而對兩岸而言，彼此之間的不信任也達到最高點。

五、小結

　　本章以空間層面，由雙方各自國內政治的發展與變遷，加上國際局勢與結構的變革，也就是冷戰雙極、後冷戰單極到2009年全球金融危機的不穩定多極，顯現出兩岸的發展呈現高度的動態。再者，以認知層面分析發現，由於兩岸物質力量變化太大，導致兩岸對於「一個中國」與「台灣主體性」有極大的分歧，使得兩岸關係在理念上無法協調，即便未來由主張九二共識的國民黨執政，在美國因素與台灣民眾主體意識因素的影響下，也受到很大限制。最後，在時間層面下，過去冷戰時代，國共的勢不兩立，「八二三砲戰的結束」與「美中的建交」都是在1979年，意味著建交使中共認為沒有必要繼續進行一場當時難以取得勝利又僅具象徵意義的砲戰。開放探親與兩岸經貿合作開啟兩岸關係新的一頁，台灣甚至以大幅裁軍來回應兩岸軍事對立的不需要。然而，隨著中國的壯大與強盛，對於台灣主權的要求達到新的高峰，對台灣而言，現在的中國成為了最大的威脅來源，而正逢美中戰略對抗的開啟，自由主義國際秩序劇烈的變動中，毫不意外地再一次又將兩岸關係徹底地改變。國際上更因為看見台灣的民主政治體制與歐美接軌，及其強調的自由、民主與人權、包容與多樣性，而開始認同台灣，即便邦交國數量不斷遞減，但是非正式國家關係的深化，也超越以往，這就是台灣融入新國際秩序的戰略機遇。

結　論

　　知名英國歷史學家弗格森（Niall Ferguson）與《時代雜誌》主編法里德（Fareed Zakaria）在廣受歡迎的孟克論壇（The Munk Debate）以「自由主義國際秩序結束了嗎？」為題進行非常精彩而激烈的辯論。在辯論中，弗格森語重心長地陳述：「自由主義國際秩序既不自由也不是真正的國際，肯定也不是有秩序的，它結束了。」[1]的確，在這個事實上的世界，自由僅存在於少數國家，為數不少的國家與世界不接軌，而國際秩序更是在失序中。由此回顧本書各章的內容，從描繪國際體系與秩序的變化，到怎麼影響國家的認知與決策，同時也受到時間的壓力，最後透過討論許多案例，得出的結論是，自由主義國際秩序的確出了問題，而失序的世界對我們的安全與福祉危害太大。

　　一個世紀之前，上一個崛起的強權是美國。簡單地比較，今日的中國或許跟當時的美國無可比較，但是觀察美國從兩次世界大戰後成為世界第一大強權的歷史，可得知戰爭是權力結構改變的關鍵之一。而今日的美國，並不像當時已經節節敗退的大英帝國，而且百年前後的國際體系、區域秩序與國內政治經濟環境都已經有很大的不同。或許，最大的差別在於核武的存在，發動世界性、大規模毀滅性戰爭的可能性不高。然而，無庸置疑地，過去的美國崛起與今日的中國崛起，已然深刻地改變既有的國際體系與秩序，這就是國際體系運作的原則。冷戰時期雙極的格局，在美國所能主導的盟國範圍內，維持自由航行與貿易，帶動許多國家的經濟增長，此時國際組織與區域組織就成為各國採取合作互動途徑的最重要平台。這些國際組織運作的秩序，也就是遊戲規則的制定與遵守，就有賴於強國的主導與其他中小型國的配合，一旦國家力量發生變化，沒有能力威嚇利誘小國繼續配合，則國際秩序就會被逐漸打破重組。

　　首先就是國際組織不再能夠達成具體可落實的共識，或是只能達

1　The Munk Debate Series: Is the Liberal International Order Over? https://www.youtube.com/watch?v=pMCiPssEi4Q

成一些空洞的宣言[2]。很難想像美國一手建立的WTO，居然會在川普總統的手裡將其上訴機構癱瘓，回顧WTO的前身是《關稅貿易總協定》（the General Agreement on Tariffs and Trade, GATT），二戰後由美國所主導、歐洲協助共同建構的國際貿易秩序，在冷戰結束進入單極體系，美國把握機會促使各國凝聚共識，進一步深化各國貿易合作，而將GATT蛻變為WTO，其具有貿易爭端解決機制，各國的貿易紛爭在WTO獲得調解與降低衝突，而更顯得具有全球性。

中國融入此一自由主義經貿秩序後，發揮自身市場與人力資源優勢而獲得巨大的經濟成長。隨著中國崛起，在以經濟力量作為主軸的新世紀中，美國日益擴大的貿易失衡與龐大的國債，逐漸地無法扮演超級強權。早在川普當選之前，美國就已經無力在國際組織中一言九鼎，國際組織間的權力分配，也無法真正反應個別國家的力量，導致各種國際峰會與論壇，成為大國間的角力場合，很難達成實質的共識。美國已無法像過去一樣能夠強力主導全球政經秩序，具體的例子即是屢經談判觸礁的TPP與TTIP，從2005年小布希時代就展開的兩個重要區域經貿談判，在歐巴馬總統卸任前才獲得重大的談判進展，美國以更大的讓步換取世界對美國領袖地位的信心，在2015年10月取得突破正式簽約。[3]可是才一年的光景，川普一當選總統就毫不遲疑地將這兩個重大區域協定廢除。

川普的作為回答了在本書所提出的問題，即面對中國從既有國際秩序中崛起，強力挑戰美國主導的各個國際組織，美國已經無法協調各國利益。區域間的整合又帶來勝敗優劣，歐洲中的德國一枝獨秀，許多南歐國家卻深受其困；亞洲各國普遍經濟都有長足的增長，但是北韓危機仍然無解。在國內政治的層次，則是不管是不是民主國家，

[2]　Weixing Hu (2013). "Building Asia-Pacific Regional Institution: the Role of APEC Procedia." *Social and Behavioral Sciences*, 77, pp. 65-73.

[3]　Jessica Glenza (5 October 2015). "TPP deal: US and 11 other countries reach landmark Pacific trade pact." The Guardian.

都因二十一世紀的貧富差距而深受其害。過去民主政治與自由市場的神話，認爲可以解決財富與權力集中於少數人手中的不公平現象，然而現今財富集中的現象只有比一個世紀前更嚴重。[4]民主國家的特徵，就是票票等值，在人口結構上必然是窮人比富人多的情況，貧富差距一旦嚴重，選民必然用選票教訓執政黨，從而導致民粹主義的興起。依賴民粹主義贏得選舉的政黨，擅長將國家經濟問題怪罪於「別人」或是「別國」，對外政策就容易呈現高度的不確定狀態。在此同時，中國可以說是有意識地想將對自身「有所作爲」綁手綁腳的國際秩序，朝向自己有利的方向扭轉，由於速度太快，手段過於積極，甚至是違法，在許多既得利益的勢力之間引起許多衝突，特別是與當前的霸權——美國。

在帶路倡議提出之前，中國奉行的是和平崛起，整個外交系統經年累月地對國際社會宣傳中國的崛起是貢獻世界的和平與繁榮。在事實的某一層面上，這樣的說法並沒有錯，根據聯合國千禧年的報告，因爲中國的進步，東亞的極端貧困率已從1990年的61%下降到2015年的4%，[5]而有更多的歐美國家的弱勢族群，因爲便宜的中國貨而降低生活的艱苦度，還更多非洲與拉丁美洲國家，因爲中國的經濟茁壯而受惠。然而，事實還有另一面，也就是力量增長後的中國，必然會想要按照自己的想法與做法繼續發展國家力量，而不希望有其他的國家阻撓。既然已經和平崛起，那麼下一步該如何呢？自然就是按照中國的價值觀與利益，去拓展自身的影響力，帶路倡議或是AIIB，在本質上與二十世紀前歐美國家在南方國家的做法並沒有太大的差別，中國甚至更受到南方國家的歡迎。美國抵制AIIB有其國家戰略考量，但是抵制失敗並不能武斷地視爲美國被中國擊敗，甚至輕率地

---

[4]　Thomas Piketty (Author), Arthur Goldhammer (Translator) (2017). *Capital in the Twenty-First Century* (Reprint edition). Belknap Press: An Imprint of Harvard University Press.

[5]　United Nations (2015). The Millennium Development Goals Report, p. 14.

認定它即將失去掌握長達七十年的全球經濟體制。[6]更精確的說法是中國已經有能力在有限的範圍內，開始建立自己的國際秩序，帶路倡議與AIIB即是一例。不論是美國的歐洲盟友還是亞洲盟友，選擇加入與否並非選邊站，而是現有秩序已經無法滿足其國內經濟增長的需求。跨大西洋間對於全球戰略思考有所不同，美國視中國與俄羅斯為重大威脅，歐盟在Covid 19與香港國安法施行後才慢慢改變對中國的認知，不過美國對於NATO的經費分擔相當不滿，越來越使得歐盟想要在外交、國防上走自己的路，認為惟有如此，歐盟才足以在美中對抗時扮演平衡者的角色。

　　從這些現實的國際事件，可以檢視新古典現實主義的解釋性，包含習近平走向有所作為、川普採取貿易保護主義、英國選擇退出歐盟，乃至於台美關係走向歷史的新高點，說明國家政策與戰略的選擇是受到多重的限制與壓迫。體系不平衡的狀態，國家必須考量到大國對抗時選邊站的代價。第一章指出國際秩序尚能維持時，2005年美國能夠阻止歐盟解除武器禁運避免將最尖端的二元武器科技流入中國，[7]那時的國際環境是美中關係相對穩定，甚至共管台灣。到了2018年國際秩序已經無法由美國主導，美中關係趨於緊張，美國力有未逮地無力阻止盟友加入AIIB。值得注意的是，解除武器禁運是要提升歐盟與中國關係，與歐洲各國加入AIIB是要分享投資發展中國家的基礎建設，本質上有很大的不同，但足以說明不平衡多極時代，傳統盟邦的概念就會被挑戰。

　　冷戰結束的初期到2008年全球金融危機之間，世界上大部分國家因為不擔憂戰爭的發生，因此把重心放在經濟合作與區域協定。但

6　Stephens Roach and Zha Daojiong (March 62015). "Washington's Big China Screw-up." *Foreign Policy.*

7　Statement of Frank Umbach (2004). *Symposia on Transatlantic Perspectives on Economic and Security Relations with China.* U.S.-China Economic and Security Review Commission, U.S. Government Printing Office, p. 79.

是一旦權力與秩序重組，各國就會開始擔心國家安全，而追求安全的極大化。如此一來不僅追求軍事力量的擴張，還包括將自身的經濟力量轉化爲對他國政府的影響力，藉由經濟合作形成依賴關係，這特別是大國的特權。二次戰後美國協助歐洲重建的馬歇爾計畫、對日本的經濟援助等，再透過這些國家協助圍堵蘇聯與共產主義的擴張。相同地，歐盟也會利用歐洲整合的過程，傳遞自己的規範性力量，要求入盟國改善人權、金融財政秩序等。北京政府更是不會例外，面對歐巴馬第二任時期的亞洲再平衡政策（Rebalancing towards Asia），[8]中國自然會尋求突破美國的圍堵戰略與政策，避開美國的太平洋力量，向西發展中國的盟友，運用帶路倡議、南海擴張以及AIIB等戰略，都符合新古典現實主義的假設。第一章即是說明在空間層次上從國際到國內的變化，由於全球化帶來大國間權力的調整以及國內政治的民粹化，原本的全球秩序失能而造成秩序重組；在認知上，由於國家物質能力的分歧，嚴重的貧富差距導致理念分歧，從而進一步影響到觀念／身分認同的不同，造成衝突更趨白熱化；在時間上，因爲眼前的威脅來自於既有秩序不僅被挑戰，也不符合自己的利益，導致未來的威脅更顯得立即而明顯，而衝突變得容易爆發。

第一章所描繪空間、認知與時間的分歧，自然有其背後深刻的因素。因此，第二章就要以歐盟的經濟整合爲例，解釋次級體系進行經濟政治整合後，會帶來區域繁榮與和平，但並不是永恆的。整合後的好處並不是各國雨露均霑，而是端看國家競爭力。區域整合如同全球化的邏輯一般，有競爭力的國家會吸引資金、人才與技術，而缺乏競爭力的國家就會陷入以債養國的不幸金融災難，此種困境在歐盟整體經濟情勢表現好時不容易看出徵兆。然而，金融槓桿的失靈，從美國一路延燒至歐洲，產業已然空洞的南歐諸國，既無資金投入以創造就業、產生稅收，也無工作機會提供給從破產服務業釋出的大量失業人

---

8   Mark E. Manyin (2012). *Pivot to the Pacific? The Obama Administration's "Rebalancing" Toward Asia*. Congressional Research Service.

口，政府只能飲鴆止渴，不斷借錢支付失業與社福基金，導致國家財
政遭受雙重打擊，經濟蕭條，失業率高增，社會陷入動盪，世界各國
政府、媒體復又競相指責這些國家不負責任的財政行為是導致危機的
肇事者，並以歐豬（PIIGS）此種污辱性的字眼攻擊、訕笑這些地中
海集團國家。然而，歐債危機並非僅是少數國家所造成的，而是在自
由貿易與全球化的推波助瀾下，全球乃至於歐洲地區的總體經濟失
衡，而不具有競爭優勢的國家，在歐元區內非但沒有受到保護，反而
加速失去其競爭力，進而淪為金融災難的祭品。[9]

　　第三章利用歐債危機為例，從認知的分歧，也就是物質分歧到理
念分歧，論證歐洲區域經濟整合的路上，並非所有的國家都能受惠，
特別是那些不具經濟競爭力的國家，加入區域協定或是合作並不是萬
靈丹，這從非歐盟國挪威與瑞士的經濟表現，遠勝於會員國的希臘與
西班牙可看出。歐洲整合的道路上乃至於歐元區的實行，歐洲政治人
物醉心於以經濟利益促進政治合作，再以政治手段與目的進一步深化
經濟與貨幣的整合，然而在融入歐洲共同體後，並不等於保證經濟的
繁榮。貨物、人員、服務與資本的自由流通不只帶來商機，更對國家
形成挑戰，如果不能力爭上游成為前段班，那麼就只能任由自己的產
業、資金、人才流失，而成為全球化、自由化激烈競爭的犧牲者。

　　英國則又是另一個精彩例子，鐵娘子柴契爾夫人在她擔任首相任
內，正是歐洲共同體開始籌建歐洲貨幣聯盟，而她十一年的任期中，
一直反對歐洲單一貨幣的推動，認為無論從經濟、政治乃至於社會的
角度來看，歐洲單一貨幣必然走向失敗。[10]歐元危機之後，英國人紛

---

[9]　Jeffry Frieden, Michael Pettis, DaniRodrik, and Ernesto Zedillo (July 2012). *After the Fall: The Future of Global Cooperation, Geneva Reports on the World Economy 14*. Published by CEPR (Centre for Economic Policy Research) and ICMB (International Center For Monetary and Banking Studies), pp. 1-5, 15.

[10]　Jordan Weissmann (8 April 2013). "Watch Margaret Thatcher Explain Why the Euro Is a Terrible Idea in 1990." The Atlantic. http://www.theatlantic.com/business/archive/2013/04/watch-margaret-thatcher-explain-why-the-euro-is-a-terrible-idea-

紛追念柴契爾夫人的先知卓見。然而，歐債危機之始，英國央行迅速將英鎊貶值20%，卻也沒辦法拯救英國經濟脫離苦海，這說明了貨幣政策並不是解決經濟問題的最佳藥方，全球景氣恢復、需求增加也是很重要的因素。

可想而知，許多經濟學家、權威經濟新聞報紙雜誌等，也都紛紛提出批評與看法，舉例而言，Pettis主張要歐盟所有國家共同承擔責任，進行經濟結構與財政政策調整，才能解決總體失衡的問題，並以共同退出歐元來威脅德國進行調整其撙節政策，否則，將以結束歐元及貨幣貶值來使德國的出口瓦解。這雖然也是調整的方法之一，但是會造成更混亂的局面，而無法解決總體問題。[11]《經濟學人》雜誌也有類似的見解，除了要求德國進行刺激方案，將自己的貿易盈餘轉為赤字，以擴大進口來解救他國的貿易虧損，並進行服務業的融合，才能有效地解決歐債危機。[12] 然而事實是，即便是銀行聯盟（Banking Union）這樣具體的銀行監督機制都要等到2014年歐洲議會通過，2015年1月才能正式上路。除此之外，所有的解決措施還是落在債權國。[13] 這意味著，最大債權國德國並不認同各界所提出的藥方，也不願意在沒有得到更多歐元區會員國賦予的政治權利前（讓德國能夠透過歐洲央行監管各國的財政措施）承擔起拯救地中海各國經濟困境的責任。雖然南歐國家經濟逐漸走出危機，但是核心會員國與非核心會員國的經濟不平衡必須得到解決。[14] 以會員國內部而言，貧富差距的

---

in-1990/274768/

[11] Michael Pettis (2013), Ibid., pp. 115-119.

[12] Charlemagne (Nov 2013). "Fawlty Europe: Will the European Commission Dare to Utter the Unmentionable to the Germans?" *Economist*.

[13] Jeffry Frieden, Michael Pettis, DaniRodrik, and Ernesto Zedillo (July 2012). *After the Fall: The Future of Global Cooperation*. p. 15.

[14] European Union Committee (April 2014). "Euro area crisis: an update." House of Lords, 11th Report of Session 2013-14, p. 13.

現象不斷擴大，從而使得疑歐派與民粹主義得到政治施力點。民粹主義所改寫的全球秩序與區域秩序，標誌著過去多邊主義的逝去，強調相對力量的單邊主義更大程度地建構著新秩序。

此種經濟整合後產生的經濟政治困境，超越當初制度設計者以及推動整合各國政治菁英的設想。儘管德國的經濟成功是德國人善於發揮自身優勢的成果，但是在埋怨成為南歐各國的提款機之際，並未反省自己也是歐洲經濟整合的最大受益者，自應負起領袖的角色，加強投資力度。[15] 德國強力主導的撙節政策，反而造成過去只不過是少數走極端的跳梁小丑獲得大批庶民的追隨。各國疑歐派政黨紛紛在多次歐洲議會選舉中取得過去沒有過的成績，從而迫使執政黨必須考慮到選民對歐盟抱持懷疑的態度，歐洲政治菁英們一方面理解國家經濟缺乏歐盟只能帶來災難，一方面又必須對歐盟採取譴責的態度以博取選民歡心。如此一來，對於各會員國需要更多政治合作以解決歐洲經濟問題就變得更為困難。新古典現實主義對此的解釋為，歐盟從野心勃勃的規範性強權走向對現實妥協的排外主義，許多國家拒絕歐盟的難民庇護政策，損及歐盟在全球人權的領袖角色。持平而論，當前的危機並不是來自於外部，而是歐盟內部的四分五裂，而未來的危機則可分為外部與內部，前者在於若跟隨美國繼續對抗俄羅斯，會把俄羅斯推向與中國為盟，共同成為外部威脅；後者則表現在最新一屆歐盟主席的治理問題，Covid 19對歐洲經濟造成嚴酷的打擊，而已經通過的復原基金能否讓歐洲再次團結避免分裂將是未來觀察指標。

英國脫歐與入歐一樣，永遠會爭論不休。英國身為已逝去的日不落帝國，過去美好的日子已經不復返，再也無力獨領風騷。目前動盪日的歐盟或許讓許多英國人認為應該跟歐盟保持距離，可是另一方面，蘇格蘭獨立公投捲土重來，以愛爾蘭海為貨物檢查點為北愛爾蘭

---

15 EurActiv (24 Oct 2014). "France and Italy promise to reform, EU leaders vow closer economic coordination." EurActiv. http://www.euractiv.com/sections/eu-priorities-2020/france-and-italy-promise-reform-eu-leaders-vow-closer-economic

的政治投下巨大的隱憂，與中國的關係又因華為和香港因素一去不復返。儘管瑞士與挪威這兩個非歐盟國家的經濟都相當穩健，卻不是英國想學習的對象，因為它們在國際上無足輕重。

新古典現實主義三個層次的分析發現，在空間上，國際權力的此消彼長，從國際體系到次級國際體系乃至於國內政治經濟環境，都給英國不同的壓力，內政事務也早已因為區域整合而受外交因素的掣肘。脫歐的決定，導致國內決策也經常反覆，最具代表性爭議，就是中國與法國合作投資興建英國辛克利角C核電廠（Hinkley Point C Nuclear Power Station），簽約前一刻宣布延遲，三個月後又在中國的壓力之下批准動工。在認知上，英國經濟因脫歐的不確定性，已使得英鎊貶值了40%，而無法達成國會共識的首相梅伊下台後，選出了一位民粹主義代表性政治人物強森擔任保守黨首相，更激進要帶領英國無協議脫歐（No deal Brexit），導致國家身分認同更形同分裂。對美國而言，失去歐盟舞台的英國，就像失去戰場的武士，無法為美國經略歐洲。在歐美國家中，川普是唯一支持英國退出歐盟的領導人，因為他的價值觀乃是反對不利於「美國優先」的全球化，他是一位利用美國貧富差距與種族身分而當選美國總統的民粹政客。美中兩強對於脫歐有不同的思考，美國失去透過英國在歐盟發揮槓桿力量，[16] 中國則是失去藉由收購英國企業而進入歐洲市場的機會。對德國而言，沒有英國的歐盟，自己會成為各國批評的標的。更重要的是沒有歐盟的英國，也許更為繁榮富裕，但是在世界舞台上，就是另一個無法縱橫國際事務的小國。

面對經濟與政治都相當不穩定的歐洲，中國仍然積極地與歐盟進行經濟合作，擁有5億人口市場的歐盟，是中國外銷市場的重要目的地。歐債危機的發生使得歐美市場需求降低，但並沒有導致中國經濟

---

[16] Sam Fleming (9 June 2014). "UK 'would not be freer' after leaving EU." Financial Times. http://www.ft.com/intl/cms/s/2/d251d340-eee9-11e3-acad-00144feabdc0.html

的萎縮，北京反而利用此次機會將自身的內需市場建立起來。政治上則是利用歐盟會員國之間的矛盾，採取分而治之的戰略達成國家目標，如第四章所述，這個偉大的貿易集團本身是分裂的，中國不是始作俑者，但卻使其更加惡化。從第二章、第三章可很清楚地看出，歐盟不是一個國家，無法達成國家才能做的事，但卻有著國家作為的企圖心與政策，而使其陷入各式的困境。西藏問題就是一個很好例子，歐洲人民普遍支持達賴喇嘛與西藏，形成中國與歐盟之間不可避免的爭議。短期來看，北京有驚人的經貿實力迫使歐盟在西藏問題噤聲，威迫歐洲各國領袖避免與達賴喇嘛正式接觸。但長期來看，中國此種以力服人的方式，導致了許多歐洲民眾的反感，對西藏的嚴峻的局勢表示強烈的同情，對達賴喇嘛更是有無比欽佩。在此情況之下，歐盟菁英與人民之間對中國認知的分歧日益擴大。

而對中國來說，「武器禁運」爭議給北京很快地體認到歐盟是經濟的巨人、政治的侏儒，從而對歐盟採取更為積極的經濟外交和分而治之戰略，用以回應與歐盟發展關係時所遇到各式的問題，包含軍售台灣、人權、西藏與新疆等問題。北京時常交互運用歐盟無法協調其會員國各自的對中國外交政策，即便是歐盟執委會與歐洲議會也無法統一對中國人權的批評。從許多案例顯示，對於中國決策者而言，他們的歐洲對手易於預測，易於操縱，難以認真對待。最終，這種分而治之策略導致歐盟經略中國時，常常會有束手無策之感，甚至喊出請中國「尊重一個歐洲」的原則。[17] 這也導致歐盟遲遲不願給予中國市場地位的承認，一方面是因為WTO已經無法有效解決歐中貿易爭議，另一方面，歐盟必須留下最後一個跟中國談判的籌碼。

已然崛起的中國，環顧世界局勢，的確是戰略上的機遇。美國過去近二十年來在反恐戰爭消耗太多國力，[18] 恐怖主義又已經從宗教轉

---

[17] Information on German Foreign Policy (9 November 2017). "Berlin Calls for a 'One-Europe Policy.'"

[18] Yuni Park 9 (2017). *U.S.-China Counter-Terrorism Co-Operation and Its Perspective on Human Rights*. Asia Focus #56, IRIS, p. 8.

向種族恐怖主義，讓歐美國家更是自顧不暇。俄羅斯歷經烏克蘭危機與歐美制裁，經濟上也不若以往意氣風發。正當此時，兩岸關係似乎應該更往中國設定的方向前進。然而2020年民進黨蔡英文總統大獲全勝地連任，使得北京顏面無光，證明其對台政策完全失敗。儘管如此，兩岸的經貿並未如預期般地雪崩，反而是美中爆發貿易衝突，才影響台灣的經濟出口。在美中進入嚴重對立的狀況下，台灣必須調整現行有諸多缺失的新南向政策。該政策洋洋灑灑喊出許多口號，像是三大領域，四大面向，舉凡經貿合作、人才交流、資源共享與區域鏈結，都太空洞化，無視各國當地也有各式的社會經濟挑戰。根本來說，台灣不應該僅僅像是台商在中國發展，把他國視為生產基地，剝削當地的勞力與環境，這樣是無法獲得新南向國家的支持。觀察歐美日韓在南向國家的經營可發現，各國不僅努力於投資基礎建設，更是全力打造國家形象與國家品牌，使得在地居民喜愛國家。以南韓為例，其「新南方」政策，重於強化國民外交與和平共同體，亦即南韓與各南方國家是平等的合作夥伴，而非高高在上的「資方」。

最後，美中全面衝突，對台灣即將帶來巨大衝擊，故必須調整戰略思維，切莫心存僥倖。在Covid 19疫情爆發下的新全球化時代，仍然是有贏家與輸家，而缺乏競爭力的一方必然是輸家。美中戰略對抗對台灣的意涵，乃是因勢利導進一步降低台灣對中國貿易的依賴。過去左手取得美國技術，右手製造零組件轉賣中國的時代已經一去不復返。美國已經在科技、戰略、制度，甚至是意識形態上，對中國發出聲討。在此一狀況，兩強任一方都不會允許台灣遊走雙邊，左右逢源。中國的崛起的確打破了過去美國對中國走向民主化的迷思，將彼此從貿易夥伴帶入真正的大國競爭關係。最後，以空間面向來看，國際體系進入不平衡的多極狀態，國內政治制度不管是民主還是威權，也都被民粹／民族主義所綁架；而在認知面向，物質上的貧富不均，已經嚴重地戕害了民主體制，導致民主、自由與包容這些傳統價值，已經轉向排外、保守與保護主義。全球秩序重組的過程中，美中成為物質與意識形態的對手已經是不爭的事實，目標就是為了爭取主導新秩序的規則。二十一世紀的大國競爭，絕對會比上個世紀更爲錯綜複雜。對台灣而言，如何從內部建立共同的國家意識，解決國家內部的「治理」與「分配」問題，方能提升自身的戰略重要性以確保新秩序下的民主與繁榮。美國的支持或保證是解決不了台灣的命運，過去美國因爲聯中制蘇而放棄過中華民國在台灣一次，如果有必要，美國也會毫不猶豫地再放棄一次。

國家圖書館出版品預行編目資料

全球秩序的重組：空間、認知與時間之分
歧／林子立著. -- 初版. -- 臺北市：
五南，2020.09
　面；　公分.
ISBN 978-957-763-736-9（平裝）

1.中國大陸研究　2.國際關係　3.政治
經濟

574.1　　　　　　　　　108017612

1PUG

全球秩序的重組：空間、認知與時間之分歧

作　　者 ─ 林子立（118.9）

發 行 人 ─ 楊榮川

總 經 理 ─ 楊士清

總 編 輯 ─ 楊秀麗

副總編輯 ─ 劉靜芬

責任編輯 ─ 黃郁婷、林佳瑩、呂伊真、李孝怡

封面設計 ─ 王麗娟

出 版 者 ─ 五南圖書出版股份有限公司

地　　址：106台北市大安區和平東路二段339號4樓

電　　話：(02)2705-5066　　傳　真：(02)2706-61

網　　址：http://www.wunan.com.tw

電子郵件：wunan@wunan.com.tw

劃撥帳號：01068953

戶　　名：五南圖書出版股份有限公司

法律顧問　林勝安律師事務所　林勝安律師

出版日期　2020年9月初版一刷

定　　價　新臺幣350元

經典永恆·名著常在

五十週年的獻禮——經典名著文庫

五南，五十年了，半個世紀，人生旅程的一大半，走過來了。

思索著，邁向百年的未來歷程，能為知識界、文化學術界作些什麼？

在速食文化的生態下，有什麼值得讓人雋永品味的？

歷代經典·當今名著，經過時間的洗禮，千錘百鍊，流傳至今，光芒耀人；

不僅使我們能領悟前人的智慧，同時也增深加廣我們思考的深度與視野。

我們決心投入巨資，有計畫的系統梳選，成立「經典名著文庫」，

希望收入古今中外思想性的、充滿睿智與獨見的經典、名著。

這是一項理想性的、永續性的巨大出版工程。

不在意讀者的眾寡，只考慮它的學術價值，力求完整展現先哲思想的軌跡；

為知識界開啟一片智慧之窗，營造一座百花綻放的世界文明公園，

任君遨遊、取菁吸蜜、嘉惠學子！